ЛОВЦЫ ЧЕЛОВЕКОВ

Джерри Так

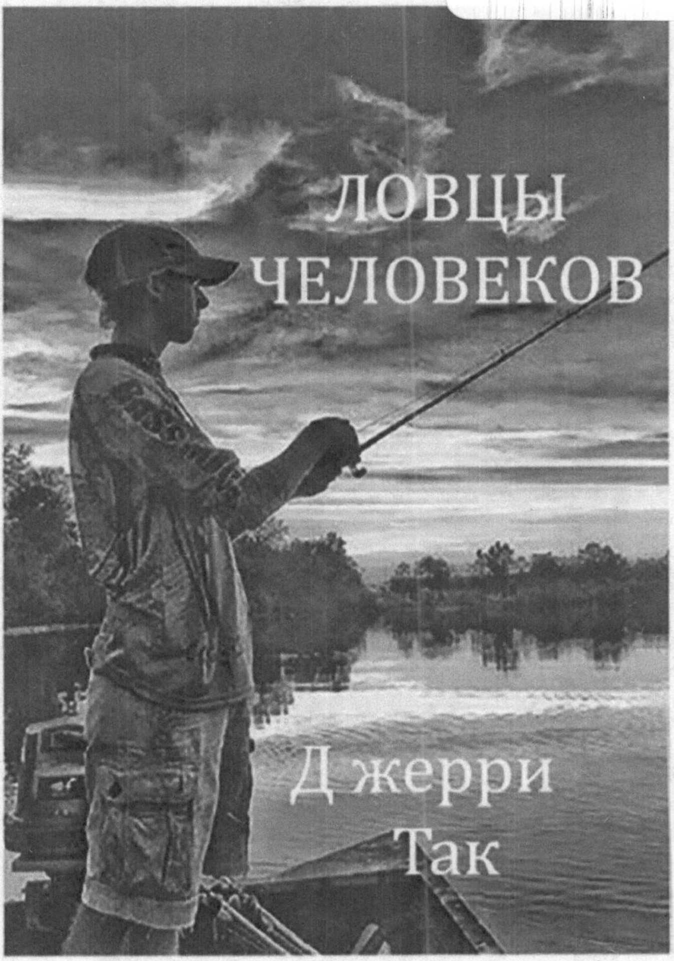

ЛОВЦЫ ЧЕЛОВЕКОВ

Рис. 1 - Добро пожаловать в фермерский дом Таков в Джорджии

ЛОВЦЫ ЧЕЛОВЕКОВ

Идите за Мною, и Я сделаю вас ловцами человеков.
— Мф 4:19

Джерри Так

TRIBNET PUBLICATIONS
SACRAMENTO, CALIFORNIA

СОДЕРЖАНИЕ

СПИСОК ИЛЛЮСТРАЦИЙ vi
ПОСВЯЩЕНИЕ xi
БЛАГОДАРНОСТИ xii
ВВЕДЕНИЕ xiii
ПРЕДИСЛОВИЕ xv
ВО-ПЕРВЫХ, ИУДЕЮ 3
ПЕРВЫЙ ИЗ ГРЕШНИКОВ 9
КТО БОЛЬШЕ В ЦАРСТВЕ НЕБЕСНОМ? 15
ВСЕМУ МИРУ 25
ДРУГ ГРЕШНИКОВ 33
БОЖЕСТВЕННЫЕ ВСТРЕЧИ 41
НИЧТО НЕ ОТЛУЧИТ НАС 51
УКРАШЕНИЕ ВМЕСТО ПЕПЛА 61
СОХРАНЕННЫЕ ДЛЯ ЦАРСТВА 69
НЕТЛЕННОЕ СЕМЯ 79
МЫ ВЗЫВАЕМ «АВВА, ОТЧЕ» 87
КРЫЛЬЯ ЗАРИ 95
ОТВОРЕННАЯ ДВЕРЬ 105
НОВОЕ ТВОРЕНИЕ 117
ВСЕ В СЕМЬЕ 125
СОКРОВИЩА НА НЕБЕ 139
ДАЛЕКАЯ ЛУНКА ДЛЯ РЫБАЛКИ 147
СМЕРТЬ ЧАКА ПЬЯНИЦЫ 159
ОБЛАКО СВИДЕТЕЛЕЙ 169
СИЛЬНЫЙ ДЛЯ ЦАРСТВА 179
БЛУДНАЯ ДОЧЬ 189
СНАЧАЛА ДЖОРДЖИЯ 197

СОДЕРЖАНИЕ

НЕ В ЭТОЙ ЖИЗНИ *209*
АНГЕЛЫ АДА *219*
СТРЕЛЫ, ПУЩЕННЫЕ В БУДУЩЕЕ *231*
НЕ СУДИТЕ *241*
ЦЕННОСТЬ В СВЕТЕ ВЕЧНОСТИ *251*
ДОБРО ПОЖАЛОВАТЬ В АД *259*
УБИЙСТВО НАСЛЕДНИЦЫ *271*
ИДИ И РАССКАЖИ *281*
ПРИГЛАШЕНИЕ *289*
ИТОГОВЫЕ МЫСЛИ *295*
Об авторе *301*

СПИСОК ИЛЛЮСТРАЦИЙ

Рис. 1 - Добро пожаловать в фермерский дом Таков в Джорджии ii
Рис. 2 - «Вместе с ними восхищены будем на облаках» xi
Рис. 3 – Джим Сандерс, водитель грузовика xiii
Рис. 4 – Ловцы человеков 2
Рис. 5 – Идите за Мной – Я сделаю вас ловцами человеков 3
Рис. 6 – «Я не умела молиться» 5
Рис. 7 – Любите ГОСПОДА всем сердцем 8
Рис. 8 – Позвольте «Сыну озарить» 9
Рис. 9 – Преклонив колени, он помолился 12
Рис. 10 – Я был в темнице и вы посетили Меня 14
Рис. 11 - Джерри: из Ангела Ада в Ловца 15
Рис. 12 – Клуб «Благая весть» 16
Рис. 13 – Ногти Джерри рассказывают 17
Рис. 14 – «Пустите детей и не препятствуйте им приходить ко Мне» 18
Рис. 15 – Джерри делится Евангелием 19
Рис. 16 - День, когда Рози пришла к Иисусу 20
Рис. 17 – Шарлотта Принс, дочь Рози 22
Рис. 18 – «Иисус – я прихожу к Тебе» 23
Рис. 19 – Джейсон Пиблз – основатель Международного миссионерского служения .. 26
Рис. 20 – Две семьи одного Отца 28
Рис. 21 – Ла Паз, Боливия никогда не была такой прекрасной! 30
Рис. 22 – Одурманен алкоголем 34
Рис. 23 – У Бога есть номер каждого 36
Рис. 24 – Иисус, я прихожу такой как есть 38
Рис. 25 – «Время нам вручить себя Господу» 39
Рис. 26 – Роджер встречает Энн в баре 41
Рис. 27 – Живи на полную! 42
Рис. 28 – Хэл Линдси «Покойная великая планета Земля» 44
Рис. 29 – «Господь, прости меня; Господь, измени меня!» 45
Рис. 30 – В ресторане «У бабули» 48
Рис. 31 – Божественные встречи с Роджером Аткинсоном и семьей 49
Рис. 32 – «Я – свет миру» 49
Рис. 33 – Через окно к черному входу 51
Рис. 34 – «Эдит, ты там?» 52
Рис. 35 – Кому есть дело? 54
Рис. 36 – Сжигая дела тьмы 56
Рис. 37 – Пэт – Я забираю тебя домой 57
Рис. 38 – Иисус сказал: «Следуй за Мной» 60
Рис. 39 – Украшение вместо пепла 61
Рис. 40 – Проблемы с машиной ради Иисуса 62
Рис. 41 – Джанетт, время молиться 64

СПИСОК ИЛЛЮСТРАЦИЙ

Рис. 42 – Она излила себя на Иисуса 65
Рис. 43 – «Брентон, давай избавимся от этих бородавок!» 66
Рис. 44 – Когда доходишь до конца... Иисус там 68
Рис. 45 – «Помогите, мне страшно» 69
Рис. 46 – Нью Эйдж самосовершенствование 70
Рис. 47 – Я хотел только сэндвич! 72
Рис. 48 – «Я – Вода Жизни» 74
Рис. 49 – Чудотворный ребенок с шансом на жизнь 75
Рис. 50 – Лу Брукс и внучка Сьерра 77
Рис. 51 – Между жизнью и смертью 79
Рис. 52 – Ее голова раскалывалась 80
Рис. 53 – Длинное путешествие Пэм 81
Рис. 54 – Абсолютной безопасностью Пэм был Иисус 83
Рис. 55 – Особые для Бога: Джеф и Келли 85
Рис. 56 – Авва, Отче 87
Рис. 57 – Ларри вошел в нашу жизнь 88
Рис. 58 – Ларри боролся 89
Рис. 59 – Мы – сторожа нашего брата 90
Рис. 60 – Настоящим папой Ларри был Авва, Отец 92
Рис. 61 – Список Шиндлера 95
Рис. 62 – Гизела Манн – в Израиль! 96
Рис. 63 – Джерри с израильскими солдатами 98
Рис. 64 – «Мужчины стекались к ней!» 99
Рис. 65 – Джерри перед израильским танком 100
Рис. 66 – Улица Бен Йегуда в Иерусалиме 101
Рис. 67 – Ребекка встречается со своим Мессией 102
Рис. 68 – Джерри/Гизела с волонтерами Сар-Эль 104
Рис. 69 – Сар-Эль – волонтеры для Израиля 104
Рис. 70 – Открытая дверь – Дэвид Кото 105
Рис. 71 – Он все еще делится евангелием 106
Рис. 72 – Изучение Библии в Среднем колледже Джорджии 107
Рис. 73 – Движение Иисуса в центральной Джорджии 108
Рис. 74 – «Я только что пригласила Иисуса в свое сердце!» 109
Рис. 75 – Охватывая мир из Кокрана, Джорджия 111
Рис. 76 – Джаффар: «я встретил настоящих христиан здесь» 113
Рис. 77 – Они забирают детей Джоани 117
Рис. 78 – Казалось, у Джоани не было шанса 118
Рис. 79 – Какой бардак – но не для Иисуса! 119
Рис. 80 – Только Христос может справиться с такими ужасными тараканами 120
Рис. 81 – Теперь все убрано! 121
Рис. 82 – Джоани чиста внутри и снаружи! 121
Рис. 83 – Джоани и Пит по-настоящему изменились 123

Рис. 84 – От угона машин 125
Рис. 85 – ...к азартным играм. 126
Рис. 86 – «Господь, спаси Джина». 127
Рис. 87 – Джин приходит к Иисусу. 128
Рис. 88 – Джин с мамой и сестрой Лесией 129
Рис. 89 – Джину пора улыбаться 130
Рис. 90 – Джин обретает семью и бизнес 131
Рис. 91 – Все в семье – Джин и Мэллори 137
Рис. 92 – Мой ребенок был взят к Иисусу. 139
Рис. 93 – Для Ивонн и её детей жизнь не была лёгкой. 141
Рис. 94 – Мое утешение стало утешением для Ненси 142
Рис. 95 – «Когда ты готов – ты можешь спастись» 144
Рис. 96 – Теперь, Гэри, твоя очередь. 145
Рис. 97 – Евангелизация в Индии 147
Рис. 98 – Питер Пол с пастором Айманом и его женой 148
Рис. 99 – Эми Кармайкл, миссионерка в Индии 150
Рис. 100 – Джерри рассказывает о любви Иисуса в Индии 154
Рис. 101 – Пастор Айман 156
Рис. 102 – Чарли был сыном шахтера 159
Рис. 103 – Папа Чака попал в неприятности с полицией 160
Рис. 104 – Чак отслужил в ВВС США 161
Рис. 105 – Чак пьяница с собутыльниками 162
Рис. 106 – Чак купил свою выпивку 163
Рис. 107 – «Чак пьяница» умер на Либерти стрит в 1972 г. 164
Рис. 108 – Чарли и Джерри Так 167
Рис. 109 – Чарли и Джерри плюс их 8 детей 168
Рис. 110 – Джерри и Чарли в день своей свадьбы 168
Рис. 111 – Добро пожаловать в Недвижимость Така 169
Рис. 112 – Стефани и ее тамбурин 170
Рис. 113 – «Необработанный алмаз» и он был шераховатый 173
Рис. 114 – Господь забрал драгоценную Стефани 174
Рис. 115 – Стефани затронула так много жизней 175
Рис. 116 – Тамбурин и бабочки. 176
Рис. 117 – Центральный отдел Исправительного центра Кэдвелл 179
Рис. 118 – Тюремный охранник сержант/пастор Элстон Вутен 180
Рис. 119 – Пастор Вутен назван в честь Элстона Ховарда 181
Рис. 120 – Джерри поймала большую рыбу – Элстона Вутена 183
Рис. 121 – С днем рождения, Элстон – мы любим тебя! 185
Рис. 122 – Драгоценны в Его глазах 188
Рис. 123 – Шерил теперь с Господом 189
Рис. 124 – Да, Шерил в тюрьме в Хокинсвилле 190
Рис. 125 – Пока в тюрьме – славя Господа 192
Рис. 126 – Женская тюрьма 193

СПИСОК ИЛЛЮСТРАЦИЙ

Рис. 127 – Краткосрочные миссии для Шерил 194
Рис. 128 – Джерри и Шерил на изучении Библии у Джерри 196
Рис. 129 – Марафон по чтению Библию у здания суда 198
Рис. 130 – Первый марафон по чтению Библии в Джорджии 199
Рис. 131 – Округ Блекли – еще один первый! 201
Рис. 132 – Преподобный Хатчингс ведет первый марафон 203
Рис. 133 – Альянс служителей спонсоры Библейского марафона ... 204
Рис. 134 – «Христианский флаг» в Кокране, Джорджия 205
Рис. 135 – Никогда не говори «никогда», когда призывает Господь! ... 209
Рис. 136 – Алан остался на 3 недели – начал стричь газоны 210
Рис. 137 – Алан и дедушка отправлены в ожоговый центр 212
Рис. 138 – «Алан, у тебя проблемы с гневом!» 214
Рис. 139 – Алан и Брендон только что срубили наши деревья! ... 215
Рис. 140 – Алан и Бриттани со своими мальчиками 216
Рис. 141 – Алан с дедушкой и бабушкой 217
Рис. 142 – Дедушка Кригер и Марджи «Нана» 219
Рис. 143 – Перерыв в занятиях по катезизису – время красть ... 220
Рис. 144– Тусовка с Ангелами Ада 220
Рис. 145 – Папа и Марджи встретили Иисуса в доме у Дона Морси ... 222
Рис. 146 – Марджи начала открывать мне Писание 223
Рис. 147 – Книга Билли Грема «Мир с Богом» 225
Рис.148 – Ловцы: Дон Морси, Джерри и Чарли 228
Рис. 149 - Дэвид Фелпс из Миссии в Мексике 231
Рис. 150 – Адамина и Даниель Гуэрра 233
Рис. 151 – Адамина и Даниель ведут поклонение 234
Рис. 152 – Джерри с «колчаном, полным стрел» 235
Рис. 153 – Команда: Зак и Чарли 236
Рис. 154 – Зак на местной радиостанции 237
Рис. 155 – «Освобожденная Адамина» и Дэвид Фелпс 238
Рис. 156 – Зак – это наша стрела в будущее! 239
Рис. 157– Давайте прославим Господа 240
Рис. 158 – «Кто вообще обратит на них внимание?» 242
Рис. 159 – Команда по изучению Библии дома у Таков 244
Рис. 160 – Монета из Эквадора 245
Рис.161 – Пастор Уильям Басби – ДЕЛАТЕЛЬ! 246
Рис. 162 – Джерри и пастор Басби – ДЕЛАТЕЛИ! 248
Рис. 163 – 182 акра: колледж в центральной Джорджии 250
Рис. 164 – Слева направо: Даг, Джерри и Дуайт – 3 мушкетера .. 252
Рис. 165 – Евангельские трактаты на стадионе Хьюз 253
Рис. 166 - Приводить подростков в «Молодежь для Христа» 253
Рис. 167 – «Евангельская ванная вверх дном» 254
Рис. 168 – «Маленький Билл» – Ангел Ада для Царства 256

ЛОВЦЫ ЧЕЛОВЕКОВ

Рис. 169 – Наш Джо прорвался в славу 257
Рис. 170 – «Хорошо, добрый и верный раб». 258
Рис. 171 – «Ферма Йондер» – очень грязный пруд. 260
Рис. 172 – Джерри с пастором Гэри Уокером 261
Рис. 173 – Бедники – Тед 264
Рис. 174 – Кофейня из рифлёного железа 265
Рис. 175 – Тед (посередине) – сбежавшая рыба 266
Рис. 176 – Добро пожаловать в ад! 267
Рис. 177 – Убита, но жива! 272
Рис. 178 – Даг с покойным Эдом МакАтиром 273
Рис. 179 – Международное женское служение Аглоу 274
Рис. 180 – Бев, Джерри и Джун служат Иисусу 275
Рис. 181 – Покойный доктор Джон Остин 277
Рис. 182 – Доктор Вагнер (седые волосы) в Кокран, Джорджия 278
Рис. 183 – «Лазарь: ВЫЙДИ ВОН!» 280
Рис. 184 – Ловцы человеков 281
Рис. 185 – Елисей становится преемником Илии 282
Рис. 186 – Прокаженные делятся своей добычей 284
Рис. 187 – Пора делиться своей верой 285
Рис. 188 – «Иисус – Сделай меня ловцом человеков!» 287
Рис. 189 – Иисус есть Путь, Истина и Жизнь 289
Рис. 190 – Господь – Благослови всех, кто читает «Ловцы человеков» 291
Рис. 191 – Иисус, притяни меня к Себе! 294
Рис. 192 – «Обретение душ как рыбалка!» 298

ПОСВЯЩЕНИЕ

Эта книга с любовью посвящается памяти

Маржи «Наны» Кригер

(Рыбачке, которая поймала меня!)

Рис. 2 - «Вместе с ними восхищены будем на облаках»

«Потому что Сам Господь при возвещении, при гласе Архангела и трубе Божией, сойдет с неба, и мертвые во Христе воскреснут прежде; Потом мы, оставшиеся в живых, вместе с ними восхищены будем на облаках в сретение Господу на воздухе, и так всегда с Господом будем. Итак, утешайте друг друг сими словами».

1 Фес. 4:16-18

БЛАГОДАРНОСТИ

Особую благодарность хочу выразить одному человеку, который стоит на втором месте после Господа Иисуса Христа в моей жизни, моему дорогому мужу Чарли Таку. Без его помощи и поддержки эта книга никогда бы не была написана. Как бы я могла обойтись без этого любимого мужчины в своей жизни? Он всегда рядом, чтобы разделить мои победы, а когда мне плохо, поднимает меня из глубин. Он — мой лучший друг!

Члены моей семьи, как всегда, остаются постоянным источником поддержки для меня. Они видели меня в худшие и лучшие моменты, и все равно любят меня. Я молюсь, чтобы эта книга напомнила им о семейном служении, которым мы вместе наслаждались в нашем старом фермерском доме в Джорджии.

С любовью во Христе,

Джерри Так

ВВЕДЕНИЕ

Я бы никогда не поверила, сколько людей пришли к вере во Христа через прочтение этой небольшой книги «Ловцы человеков», впервые изданной в 1994 году.

После ещё двух изданий на английском языке мне стало ясно, что эту книгу следует перевести и на другие языки. В данный момент мы работаем над тем, чтобы книга «Ловцы человеков» была издана на испанском и русском языках. Я молюсь, чтобы эта книга и дальше благословляла, вдохновляла людей и помогала им понять важность посвящения своей жизни Христу.

Когда первый тираж книги был доставлен в мой офис, вы не можете себе представить, в каком я была восторге. Годами я твердила себе, что однажды напишу книгу. Эта мечта сбылась, и я хотела, чтобы курьер осознал, какое важное это для меня событие.

После того как он заносил в мой офис коробку за коробкой с книгами, он спросил, может ли присесть на минутку и отдохнуть. Как только он сел, я схватила книгу и протянула ее ему в подарок (хотел он этого или нет). Вдруг я посмотрела на него, и Святой Дух начал говорить со мной.

Рис. 3 – Джим Сандерс, водитель грузовика

«Ты христианин?» — спросила я. Его ответ меня поразил.

Как оказалось, он был отступником и долгое время убегал от Бога. У нас состоялся долгий разговор, и я помолилась за него перед тем, как он покинул мой офис.

Позже в тот день мой муж позвонил и спросил, знаю ли я мужчину по имени Джим Сандерс. Я сказала, что это тот самый человек, который доставил мне книги.

Чарли сказал: «Ну, он попросил передать, что твоя книга чуть не стала причиной аварии. Он читал её, пока ехал на

ЛОВЦЫ ЧЕЛОВЕКОВ

своём большегрузе обратно в Мейкон. Когда он припарковал грузовик, он склонил голову и помолился, вновь посвятив свою жизнь Господу. Он хотел, чтобы ты знала». Я поняла, с самого начала, что на этой книге есть особое помазание.

Особую благодарность я хочу выразить моему дорогому мужу Чарли, который уже почти пятьдесят два года является моим напарником по ловле. Его постоянная поддержка и вдохновение помогали мне даже в те моменты, когда хотелось всё бросить. Его навыки в качестве моего редактора бесценны. Если бы не он, мой текст сильно бы пострадал от недостатка правильной структуры предложений и пунктуации.

Несколько лет назад я посетила похороны человека, который всю жизнь бежал от Бога... пока однажды не взял в руки книгу «Ловцы человеков» в тюремной библиотеке. Он прочитал её, спасся и затем стал пастором. 22 июня 2015 года пастор Элстон Вутен, который также был сержантом в Департаменте исправительных учреждений Джорджии, вошёл в славу. Я так рада, что моя небольшая книга стала инструментом его спасения. Его историю вы прочтёте в главе под названием «Сильный для Царства».

Пусть все эти истории направят ваше сердце к самому великому Ловцу — ИИСУСУ!

Из-за характера некоторых материалов в этой книге определённые имена были изменены, чтобы сохранить репутацию упомянутых людей.

На момент написания большинство участников событий всё ещё живы, и финальные главы их жизни ещё не написаны. Автор признаёт, что она не является судьёй в жизни каждого человека, и только Господь знает сердце и мотивы каждого. Все истории правдивы и написаны для того, чтобы благословить, вдохновить и дать читателю повод для размышлений.

Джерри Так

ПРЕДИСЛОВИЕ

Даг У. Кригер
(Ещё одна рыба, пойманная Джерри!)

Этот 31 ДЕНЬ «БИБЛЕЙСКИХ РАЗМЫШЛЕНИЙ О ЕВАНГЕЛИЗМЕ» ЖДУТ СВОЕГО ЧИТАТЕЛЯ КНИГИ, КОТОРАЯ ПРАКТИЧЕСКИ УНИКАЛЬНА В ХРИСТИАНСКОМ МИРЕ — попробуйте найти подобную! В ней настоящие истории о душах, приведённых ко Христу, изложены так, что благодать Божия становится близка каждому.

От «Ангела ада» до Посланника Бога — Джерри Так вырвалась на свободу в объятия Иисуса, который спас её на грани катастрофы, чтобы сделать ее свидетелем жизни из смерти, вечной красоты для пепла этого мира.

Мы рады представить вам эти свидетельства, чтобы зажечь огонь евангелизма, который через Церковь достигнет мира...*ведь мы не стыдимся благовестия Христова, ибо оно есть сила Божия ко спасению всякому верующему!* С детской верой и с *«простотой, которая во Христе»*, что жизни, которых коснулись любовь и нежная милость Бога в этих рассказах, глубоко затронут вас и побудят применить веру на практике — *«ведь как услышать без проповедующего?»*

Джерри никогда не обращалась назад после ее обращения ко Христу. Те, кому много прощено – много любят. Джерри полюбила сильно и продолжает любить. Эти истории будут и должны повторяться по мере приближения «конца века». Да, солнце заходит — но в это время рыбалка особенно удачна!

ЛОВЦЫ ЧЕЛОВЕКОВ

Пророческое? Не сомневайтесь, что так оно и есть! Перед тем как наступит «Жатва гнева» (Откровение 14:17-20) — Бог в Своей бесконечной милости через:

«Того, кто подобен Сыну Человеческому, с золотым венцом на голове и острым серпом в руке» — получит указание от *«другого ангела, который вышел из храма и воскликнул громким голосом к сидящему на облаке: «Пусти серп твой и пожни, ибо пришло время жать, потому что жатва на земле созрела».* (Откр. 14:14-16)

Мы утверждаем, что эти две жатвы совершенно различны по своему значению — одна ведёт к вечной жизни, другая — к *«великому точилу ярости Божией»*. То, что вы прочтёте, — это всё о той жатве к вечной жизни, совершаемой Сыном Человеческим, Тем, кто с золотым венцом и острым серпом готов пожать жатву на земле...ибо она *«созрела для жатвы»*.

Нет, не все будут слушать, не все поверят, не все дадут ростки и принесут плоды...ведь много званых, но мало избранных... тем не менее, *«вышел сеятель сеять...и некоторые семена упали на добрую землю...и принесли много плодов...в сто крат!»* «Следуй за Мной, и Я сделаю тебя ловцом человеков...»

Дуглас У. Кригер, брат Джерри

Сакраменто, Калифорния

Июль 2024 www.tribnet.org

ЛОВЦЫ ЧЕЛОВЕКОВ

Джерри Так

Рис. 4 – Ловцы человеков

Глава первая

ВО-ПЕРВЫХ, ИУДЕЮ

«Плод бескомпромиссного праведника – дерево жизни, и мудрый ловит души людей для Бога как ловец людей... он собирает и получает их для вечности».

Прит. 11:30 (Расширенный перевод)

Наблюдая за одиноким рыбаком, забрасывающим удочку в Галилейское море, я почувствовала себя частью истории. Солнце медленно садилось на западе, и легкая вечерняя прохлада раннего мая заставила меня ускорить шаг. С почтительного расстояния я запечатлела этот вид фотоаппаратом, и

Рис. 5 – Идите за Мной – Я сделаю вас ловцами человеков

затем решила посмотреть, поймал ли что-нибудь этот сгорбившийся мужчина.

Пытаясь выглядеть непринуждённо, я прошла мимо мимо, бросив взгляд в ведро с рыбой. Непохоже, что он что-то поймал. Отважившись подойти поближе, я спросила его, клюёт ли рыба. Он только пожал плечами и покачал головой. Сгорбившись, он натянул шляпу пониже на лоб, словно говоря: «Туристы! Вечно они везде лезут». Я поняла намёк и, стараясь не поскользнуться на каменистом берегу, осторожно отступила назад, быстро сделав ещё один снимок, чтобы убедиться, что запечатлела момент.

ЛОВЦЫ ЧЕЛОВЕКОВ

Что за зрелище! Одинокий рыбак на камне, забросивший удочку в Галилейское море. Возможно, за это фото можно даже получить приз! Я могла представить себе одного из первых учеников, ловящего рыбу в этом же море несколько веков назад.

Когда я шла по пляжу обратно к своим друзьям, мои мысли возвращались к одинокому, на первый взгляд безуспешному рыбаку. Может, ему следовало бы поменять наживку или место рыбалки. А, возможно, он просто был терпелив, зная, что если он не сдастся, он принесет что-то домой своей семье.

Рыбалка. Я не понимала, почему она так нравится людям, пока однажды не испытала восторг, поймав своего первого сома в небольшом частном пруду в Джорджии. Вы никогда не слышали таких криков и воплей от взрослой женщины. До этого момента я считала рыбалку скукой смертной. Дайте мне хорошую книгу, и я с радостью оставлю рыбалку своему мужу Чарли. Однако, как оказалось, все веселье и восторг от моего первого улова не может сравниться с радостью и удовлетворением от ловли людей. Вот это рыбалка!

Многие годы я удивляюсь тому, сколько сходства между ловлей рыбы и ловлей людей! Необходимость ловить в правильном месте с правильной наживкой. Потребность в терпении и настойчивости. Подготовить правильную снасть и подгадать время, когда забрасывать удочку. Быть готовым пробовать новые методы и отправляться в незнакомые воды. Изучать пособия по рыбалке, чтобы учиться у экспертов. И, несомненно, быть готовым к дискомфорту, грязи и отсутствию удобств. О, да, и не забывайте про надоедливых насекомых и комаров!

Впервые я услышала призыв Иисуса стать ловцом человеков в пятидесятых. До этого времени я усердно работала на дьявола. Каталась с Ангелами Ада, жила с гангстером, и в целом вела отвязную жизнь. Я создавала кучу проблем для всех и особенно для моей семьи. И, разумеется, не была похожа на кандидата в рыбака месяца! Но у Бога глубокое чувство юмора.

Рис. 6 – «Я не умела молиться»

Когда Благая Весть Евангелия проникла в мое сердце, я обменяла свой Харлей на удочку. Я должна была полностью заняться своим новым призванием ловца людей. На самом деле, в первое утро на работе после того, как Господь поймал меня, я постоянно думала: «Я должна кому-то рассказать. Я должна кому-то рассказать». На этом начальном этапе моего христианского опыта мое знание Библии было ограничено всего несколькими захватывающими истинами. Во-первых, Даниил не погиб в львином рву. И... во-вторых, Бог реален и жив! Не очень аппетитная наживка.

Однако, вооруженная знанием того, что Бог теперь во мне, я вошла в кафетерий и села на единственное свободное место. И девушка, сидящая напротив меня, сразу же сказала: «Знаешь, у меня папа умер на этой неделе и, когда я пришла к нему на могилу, я даже не знала, как помолиться».

ЛОВЦЫ ЧЕЛОВЕКОВ

Если бы в этот момент скрытая камера записывала бы ее непроизвольный комментарий и мою последующюю реакцию, на моем лице несомненно был бы шок. Помолиться? Это все, что мне нужно было услышать! Глядя на ее расстроенное лицо, я воскликнула с энтузиазмом: «О, тебе нужно пойти со мной в четверг вечером на изучение Библии. Там тебя научат молиться!» (Я тогда еще не знала четыре духовных закона.)

Хоть я и была новичком в завоевании душ и, казалось, сказала все не так, эта девушка в конце концов отдала свое сердце Христу. Как ее звали? Рэчел Абрахам. Еврейка.

Бог почтил мою первую неуверенную попытку ловли. Главный Ловец был терпелив со своим новичком. Я даже и мечтать не могла, к какой захватывающей жизни Он меня вел. Когда я стала ловцом человеков, это привело меня в самые странные воды, заставило использовать самую необычную наживку, и я видела самый удивительный выбор рыбы.

Я сталкиваюсь с проститутками, пьяницами и наркоманами. С детьми разных форм, размеров и рас. С семьями, которые включают в себя и родню нынешнего супруга и родню бывшего супруга. Некоторые хотели вернуться обратно в воду, и мне приходилось пытаться опять их выловить. Другие, такие как галилейский рыбак, принимают мою заботу за назойливость. Те, кто отвергает мои усилия поделиться с ними евангелием, только побуждают меня возвращаться в молитвенную комнату. Несмотря на неудачи и ошибки, я усваиваю важный урок. Мое дело – ловить их, дело Бога – чистить их.

В следующих главах я хочу поделиться с вами некоторыми своими рыбацкими историями. С момента первого издания этой книги в середине девяностых, я добавила к ней дополнительные истории улова для

Царства Божьего. Я надеюсь, что, прочитав все эти истории, вы возьмете удочку с наживкой и займетесь делом. Награда будет не от этого мира!

Молитва на сегодня

Дорогой Господь,
    С Твоей помощью я прислушаюсь к призыву стать «ловцом человеков».

Во имя Иисуса,

Аминь

Рис. 7 – Любите ГОСПОДА всем сердцем

Глава вторая

ПЕРВЫЙ ИЗ ГРЕШНИКОВ

*Когда ты войдешь в Город Прекрасный
И спасенные окружат тебя,
Я надеюсь, что кто-то скажет тебе,
Именно ты пригласил меня сюда!*

Автор незвестен

Этот маленький стих попал мне в руки в 1982 году. Я плакала, читая эти слова, потому что их мне дал доктор в нашем городке, которого недавно осудили за два убийства. Он только начинал отбывать свой срок в

Рис. 8 – Позвольте «Сыну озарить»

исправительном учреждении в Джорджии. Однако мои слезы были слезами радости и глубокого смирения, что Бог использовал меня, чтобы поймать рыбу, которую многие списали как недостойную спасения.

Наш городок содрогнулся от тяжести этого преступления. Два человека хладнокровно убиты прямо на глазах у внуков доктора. Никто не мог поверить в это. Нам сказали, что их убили выстрелами в голову. Повсюду кровь. Невероятно. Не доктор.

Весь город говорил об этом не одну неделю. Суд завершился быстро. Доктору дали два пожизненных. Так ему и надо. Должен был получить смертный приговор. Бедные дети. Какой же он, должно быть, монстр.

ЛОВЦЫ ЧЕЛОВЕКОВ

Вскоре об это говорили изредка в Гриле, местном ресторане, или в Дэири Квин. Людям есть чем заняться в маленьком южном городке. Жизнь продолжается. Даже для меня. Мне нужно заниматься бизнесом. Нет времени думать о докторе. Пока однажды...

У меня есть бизнес, который займется местной недвижимостью, и мой офис находится на главной улице нашего городка. Я часто сокращаю путь через аллею, которая проходит рядом с моим зданием. В то время, в 1982 году, там стоял высокий забор из сетки-рабицы с колючей проволокой наверху, который оставлял заключённым пустой двор для упражнений, где был только баскетбольный щит. Заключённые играли в баскетбол или разговаривали с людьми через забор. Любое занятие, лишь бы только убить время в жаркий и влажный день в Джорджии. Меня это не волновало, когда я ехала по переулку. Голова была занята недвижимостью. Так много дел, это пока я не заметила доктора, прислонившегося к углу забора. Он выглядел таким подавленным, таким удручённым.

Честно говоря, это был первый раз, когда я подумала об этом докторе. Я следила за развитием судебного процесса с поверхностным интересом, но не думала о докторе как о человеке. И вдруг у меня на сердце появилось желание, которое я не могла объяснить.

Я припарковала свой фургончик и зашла в христианский книжный магазин рядом с моим офисом. В мыслях я продолжала видеть доктора, прислонившегося к забору. Когда я вошла в магазин, я увидела местного проповедника, перелистывающего какие-то книги.

«Эндрю, — сказала я, когда меня осенило, — не окажешь ли мне услугу?»

«Конечно», — ответил он с улыбкой.

Я рассказала ему о том, как у меня внезапно на сердце появилось мысль о докторе, и что я бы хотела повидать его, но не уверена, что скажет мой муж, если я пойду в тюрьму. Я спросила, не передаст ли он от меня книгу доктору!

Проповедник с радостью согласился помочь и отправился в тюрьму с книгой в руке. Ни он, ни я и не подозревали, какую важную роль сыграет книга в преображении жизни этого доктора. Я по сей день не знаю названия книги, но внутри я написала небольшую записку: «Дорогой д-р Смит, Чарли и я любим тебя, и мы молимся за тебя. С любовью во Христе, Чарли и Джерри Так».

Через два месяца я проезжала по той же аллее и, бросив взгляд на тюремный двор, увидела доктора рядом с забором. Тюрьмы в Джорджии были настолько переполнены, что он все еще ожидал перевода в Диагностический центр Джэксона. «Привет, док, — крикнула я, — как дела?» Его ответ был совершенно неожиданным.

«Слава Господу, у меня все хорошо!» Тормоза фургончика, кажется, задымились, когда я остановилась и выпрыгнула из него. Он сиял от уха до уха. Что-то случилось с доктором, и я сильно подозревала, что Иисус как-то к этому причастен. Зная, что мы не могли поговорить там с ним приватно, я посетила его официально.

Мы сидели с доктором в маленькой тюремной комнате, и он начал рассказывать мне свою историю... Многие годы он был алкоголиком. Много раз он пытался бросить пить и до стрельбы он был «в завязке» три года. Что-то случилось, после чего он сорвался, и, когда он вернулся домой в тот роковой день, там его ждала записка от жены: «Я так больше не могу».

В поисках ее он добрался до дома своей падчерицы. Ее муж встретил его на крыльце и завязался

ЛОВЦЫ ЧЕЛОВЕКОВ

спор. Вскоре к зятю присоединился его отец, и спор становился все более ожесточенным и напряженным. В ярости доктор подошел к своему фургону, открыл бардачок, взял свой пистолет, и остальное стало историей.

Рис. 9 – Преклонив колени, он помолился

Испытывая отвращение от содеянного и ожидая перевода в медицинское учреждение и потом в тюрьму, он почувствовал, что жизнь закончилась... что жить не стоит. Кто сможет когда-нибудь простить его. Он сам не мог простить себя.

Лежа в кровати, он придумал план. Он убьет себя. Поскольку он был диабетиком, это будет легко. Просто ввести себе в вену высокую дозу инсулина, и все закончится. Любой результат будет лучше того ада, в котором он жил... лучше тех мук разума, которые он больше не мог переносить.

Решение было принято. День назначен! И в этот день Эндрю принес ту книжку. Он решил сначала прочитать книжку, а потом уже убить себя. Но Дух Божий захватил его. «Тридцать дней я каждые день поднимался на третий этаж тюрьмы, — рассказал он, — там было очень жарко. По крайней мере 38°С. Я не мог оторваться от книжки. Спустя тридцать дней я пал ниц перед Богом. Джерри, Он не только спас меня, но Он также избавил меня от пристрастия к алкоголю, Он крестил меня Своим Святым Духом, и Он исцелил меня.

С того дня мне больше ни разу не понадобился инсулин».

Мы плакали вместе, доктор и я. Какому могучему Богу мы служим. Преклонив колени, мы молились и радовались удивительной милости Бога. Выходя из здания тюрьмы, я не могла сдержать слез: «О, Господь, пусть я буду чувствительной к Твоему Святому Духу. Я хочу повиноваться малейшему движению от Тебя».

Прошло более двенадцати лет с тех пор, как доктор отдал свое сердце Иисусу. У нас совместный банковский счет. Я забочусь о его налогах и о разных мелочах. Мы регулярно обмениваемся письмами, и каждое письмо от него — такая радость. Ему недавно опять отказали в условно-досрочном освобождении. Позвольте прочитать вам отрывок из его последнего письма: «Атланта, конечно же, не смогла найти мне замену и продлила мой контракт еще на три года. Они меня еще не нокаутировали, но я в нокдауне. Наш Господь отбывает срок вместе со мной. Я не слышал, чтобы Он жаловался, я тоже не буду. С любовью, твой брат во Христе».

Молитва на сегодня

Дорогой Господь,

Помоги мне осознать, что Твое мягкое побуждение может оказаться разницей между жизнью и смертью. Господь, мне нужно всякий раз быть чувствительной к Твоему голосу. Не позволяй мне быть настолько занятой повседневными делами, чтобы я пренебрегала тихим воплем сердца тех, кто связан грехом и отчаянием.

Во имя Иисуса,

Аминь

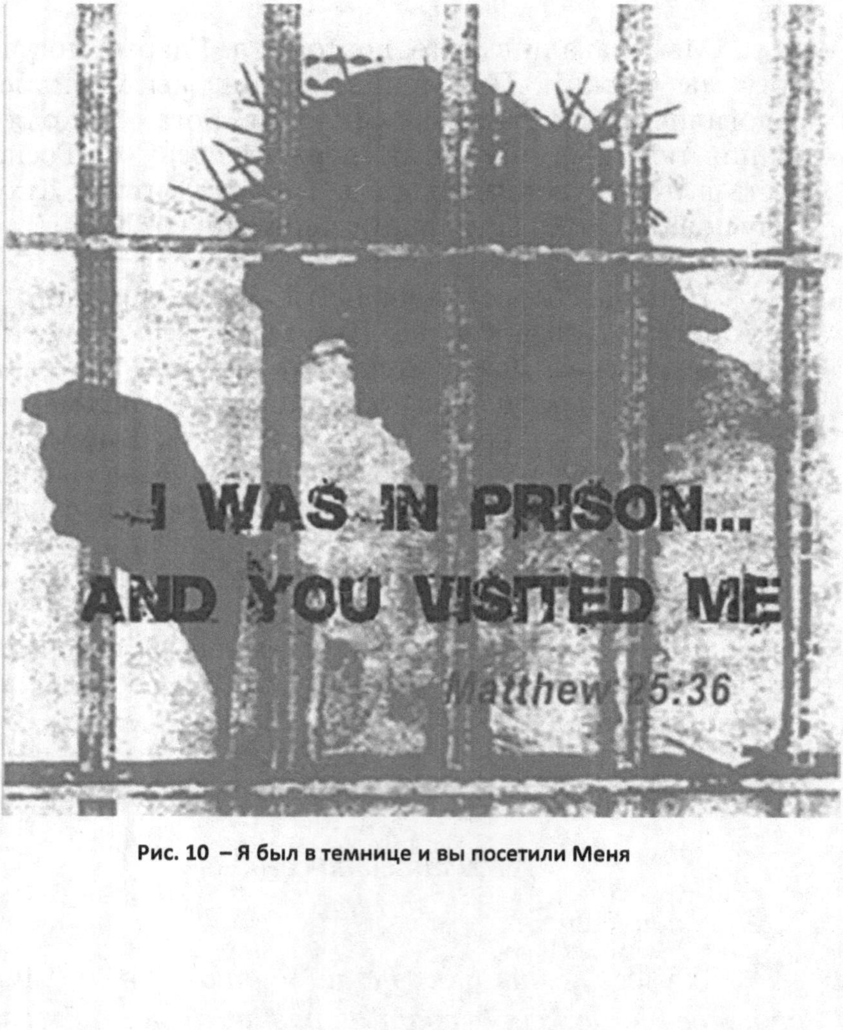

Рис. 10 — Я был в темнице и вы посетили Меня

Глава третья
КТО БОЛЬШЕ В ЦАРСТВЕ НЕБЕСНОМ?

*Когда ты войдешь в Город Прекрасный
И спасенные окружат тебя,
Я надеюсь, что кто-то скажет тебе,
Именно ты пригласил меня сюда!
Автор неизвестен
«Кто больше в Царстве Небесном?»
Иисус, призвав дитя, поставил его посреди них»
Мф. 18:1-2*

Во время своей короткой карьеры в Ангелах Ада я не тратила времени на изучение Библии, поэтому, как я уже сказала в начале этой книги, я мало что знала о Божьем Слове.

Узнавать, что Бог реальный и живой, было потрясающе, но у меня было жгучее желание знать больше. Джуэл Морси, дорогая подруга и детский евангелист, попросила меня помочь ей с еженедельным библейским клубом, который проводился у нее дома. Я была в восторге! Я буду делать что-то для Иисуса!

Рис. 11 - Джерри: из Ангела Ада в Ловца

Моей первой большой работой для Бога было не

давать ее двухлетнему сыну Майлзу бросать хлеб в фланелеграф, помимо остальных обязанностей, благодаря которым я многому научилась. Не падая духом, я напрягала мышцы, удерживала маленького сорванца и с восторженным удивлением слушала, как каждую неделю Джуэл раскрывала Слово Божье, используя картинки.

Сидя на маленьких деревянных лавочках с соседскими детьми, я тоже узнавала об Иисусе. Это было так мило. Этот Славный, который захватил мое сердце и жизнь, дал нам Библию, чтобы мы могли узнать о Нем. Я впитывала каждое слово.

Через несколько месяцев я сказала: «Джуэл, я думаю, у меня получится. Я тоже хочу проводить библейский клуб». Я уже собрала нескольких детей, которые жили рядом с моей квартирой в центре Сакраменто, и рассказывала им истории, которые я узнала. Некоторые даже помолились и попросили Иисуса войти в их сердечки. Я начала входить во вкус обретения душ.

Рис. 12 – Клуб «Благая весть»

Мой первый официальный Клуб Благой Вести проходил дома у моей матери. Я, должно быть, раздала более сотни приглашений. Я ожидала огромную толпу детей. Пришли двое! Я держала Библию и указывала на картинки на фланелеграфе так, как это делала Джуэл. Я подробно объяснила, что Бог любит их и что Иисус умер за них. Я спросила, хотят ли они помолиться и попросить Иисуса стать их Спасителем.

У меня был стопроцентный отклик. Я преисполнилась радости. Две девочки ушли с библейского клуба с Иисусом в их сердцах. Я нашла свой путь.

Когда я присоединилась к «Детскому евангельскому служению», это сыграло ключевую роль в том, чтобы помочь мне увидеть ценность ребенка. Я также познакомилась с хорошими людьми, которые помогли мне преодолеть много страхов, вызванных встречами с новыми людьми.

Рис. 13 – Ногти Джерри рассказывают историю – книга без слов!

Джун Харрисон — это, должно быть, самый храбрый человек, которого я когда-либо встречала. Она пригласила меня помочь ей учить в библейском клубе в бедной части Сакраменто. «Но сначала, — дала она указания, — мы должны обойти дома и раздать приглашения». Я была непротив делать это в районе, где жила моя мама, но в трущобах? Кроме того, люди могут подумать, что мы члены культа.

Джун была непреклонна. Вооруженная только маленькой «Книгой без слов», она постучала в первую дверь. «Привет», — сказала она со своей самой обезоруживающей убылкой. Каждую пятницу мы будем проводить библейский клуб в здании администрации, и мы хотим, чтобы ваши дети приходили». Не переводя дыхания, она продолжила: «Я знаю, что вы волнуетесь о своих детях и хотите знать, чему мы будем их учить, поэтому я принесла небольшую "Книгу без слов", чтобы показать вам».

ЛОВЦЫ ЧЕЛОВЕКОВ

И Джун сразу же открыла книжку с разными цветами и рассказала о небе (золотая страница), грехе (черная страница), смерти Христа (красная страница), очищенном сердце (белая страница) и мягко, как агнец, сказала женщине: «Мадам, вы хотите, чтобы этот Иисус вошел в ваше сердце и стал вашим Спасителем?»

Рис. 14 – «Пустите детей и не препятствуйте им приходить ко Мне»

Она захотела! Я была ошеломлена.

Настала моя очередь. Подтолкнув меня к двери, она сказала: «У тебя получится. Вперед».

В тот месяц мы не только обучили десятки мальчиков и девочек, мы также привели к Иисусу сорок взрослых. Затем мы помолились: «О Господь, пожалуйста, пошли им кого-то, кто сможет помочь им расти в Тебе». И вскоре мы с благоговением смотрели на то, что делал Бог. Началось строительство церкви, верящей в Библию... прямо посреди того жилого комплекса!

В те годы я познакомила многих детей с Иисусом. Мне нравится думать, что обретя сердце ребенка, ты обретаешь целую жизнь. Чудесно осознавать себя спасенным, когда лежишь на смертном одре, но насколько чудеснее знать Христа и служить Ему с раннего детства.

Обучая детей, ты можешь и не пожать плоды своих трудов, особенно если делаешь это проездом, как мы в

Пенсильвании. Мужа перевели туда в связи с работой, и на недолгое время мы оказались в городе под названием Эри.

Помня, как замечательно все сложилась в Сакраменто, я начала искать новый комплекс социального жилья. И прямо здесь, в Эри, я обнаружила такой комплекс с кучей детишек.

Рис. 15 – Джерри делится Евангелием

Я вышла из машины и спросила парочку детишек, не хотят ли они послушать историю. Это происходило в далекие шестидесятые годы, когда дети не были привязаны так к телевизору и электронике как сейчас. «Хотим!» — ответили они с энтузиазмом.

«Тогда бегите и позовите своих друзей, — сказала я им, — и я расскажу одну историю». Немного погодя, на травке расселась толпа ребятишек, которые смотрели в изумлении, как я раскрываю им жизнь Иисуса используя Книгу без слов. В конце истрии, когда они склонили в молитве свои головки, двадцать семь маленьких мальчиков и девочек пригласили Иисуса в свои сердца. Я записала все их имена!

ЛОВЦЫ ЧЕЛОВЕКОВ

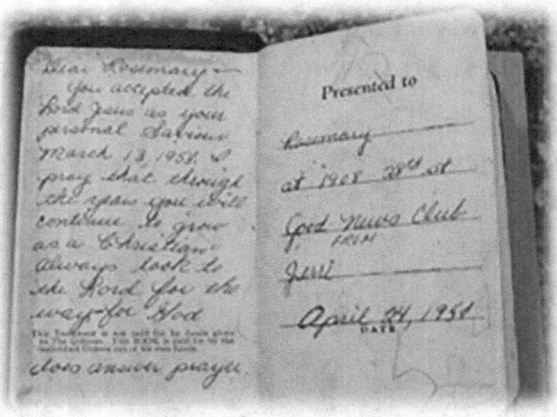

Рис. 16 - День, когда Рози пришла к Иисусу

Когда я спросила их, хотят ли они каждую неделю слушать больше таких историй, они всем сердцем согласились. Последовало множество организационных моментов: согласование с управляющими жилым комплексом, пробное собрание, множество бюрократических проволочек, но в итоге мы заполучили свой клуб. В первый день явилось 85 детей. Когда я подошла к концу истории, я спросила кто из них уже принял Иисуса в свое сердце. Поднялось двадцать семь ручонок.

На последний урок мы пригласили родителей. Дети встретили меня у ворот и мы промаршировали по улицам жилого комплекса с песней «Вперед, солдаты Христа». В тот вечер более ста ребятишек получили свои Библии (подарок от Гедеоновых Братьев), и многие родители приняли Христа.

Уроки длились всего 6 недель. Нам надо было возвращаться в Калифорнию. Я больше никогда не видела тех детишек, но я знаю, что мы еще увидимся. Кстати, я говорила, что вы можете и не узнать о результатах своего свидетельства? Но иногда Бог все же позволяет нам увидеть кое-что краешком глаза.

Однажды мой брат Даг позвонил мне из Калифорнии и сказал: «Тут одна женщина хочет поговорить с тобой».

«Привет, мам, — сказала она, — ты возможно меня и не помнишь, но я — Рози. Я пришла к тебе домой, когда была девочкой, и ты привела меня к Иисусу. Я просто хотела сказать тебе спасибо».

Рози пришла в церковь моего брата в воскресенье и «так случилось», что она села рядом с ним. Когда она открыла свою старенькую Библию Гедеоновых Братьев, он увидел мое имя, написанное в ней. «Откуда у тебя эта Библия?» — удивленно спросил он.

«О, 35 лет назад, когда я была маленькой девочкой, я получила эту Библию в подарок от женщины, которая привела меня к Иисусу».

Позже я получила письмо от Рози, где она подробно описала тот особенный для нее день: «В 1958 году, я посетила Клуб Благой Вести и я помню как произнесла молитву грешника, чтобы принять Иисуса Христа своим личным Спасителем. Я помню все, как будто это было вчера. Я сидела там, склонив голову и закрыв глаза, и Сам Иисус стоял напротив меня, положив Свою руку мне на голову. Я была с Ним на Небесах. Он был с Своих длинных одеяниях, как я видела его на картинках. В тот день Он вошел в мою жизнь и остается в ней по сей день».

Рози рассказала Дагу: «Я всегда очень дорожила этим маленьким Гедеоновским Новым заветом. Джерри

ЛОВЦЫ ЧЕЛОВЕКОВ

подписала его для меня и поставила дату, когда я приняла Иисуса своим Господом и Спасителем, 13 марта 1958 г. Подпись гласит: «Дорогая Рози, ты приняла Господа Иисуса своим личным Спасителем 13 марта 1958 года. Я молюсь, чтобы с годами ты продолжала расти как христианка. Всегда взирай на Господа, чтобы Он указывал тебе путь, потому что Бог отвечает на молитвы».

Рис. 17 – Шарлотта Принс, дочь Рози

Можете себе вообразить мою радость, когда Рози поделилась своим свидетельством. Она была настолько добра, что прислала мне тот самый старенький Новый Завет, чтобы я могла показать его женщинам в заключении, где я несу свое служение. Мы все очень воодушивились, узнав, что наша работа для Господа не бывает тщетной.

Спустя 10 лет после того телефонного разговора с Рози, мне позвонил мой брат и спросил не припоминаю ли я общего знакомого, который приходил на изучение Библии в доме Дона Морси.

Дочь этого знакомого собиралась на учебу в Атланту и ей нужно было остановиться у кого-то на выходные. Нужно так нужно. Я поехала в аэропорт Атланты, встретить эту девушку. По дороге обратно до Кохрана, которая заняла 2 часа, я обнаружила, что эта девушка пылает огромной страстью к Иисусу.

Выходные пролетели, и я отвезла ее обратно а Атланту. Вскоре Шарлотта отправилась в короткую миссионерскую поездку, которая продлилась один год, и все это время мы с радостью поддерживали ее финансово, как одни из ее спонсоров.

КТО БОЛЬШЕ В ЦАРСТВЕ НЕБЕСНОМ?

Прошло два года, я начала планировать поездку в Калифорнию и решила позвонить Шарлотте. «Как ты смотришь на то, чтобы поужинать вместе со мной и моим братом, когда я приеду?»

Как только я вышла из машины возле ресторана, Шарлотта подбежала ко мне и, крепко обняв меня, сказала: «Привет, бабуля!»

Я была крайне озадачена таким развитием событий, пока она не объяснила что к чему. Она узнала, что ее мама знакома со мной, и что я привела ее маму к Господу. Из ее слов выходило, что если я — мама Рози, тогда я являюсь ее бабулей, и это все обяснило!

Мой любимый улов — маленькие детки!

Рис. 18 – «Иисус – я прихожу к Тебе»

ЛОВЦЫ ЧЕЛОВЕКОВ

Молитва на сегодня

Дорогой Господь, я так рада, что ты любишь маленьких детей. Пожалуйста помоги мне видеть их ценность в свете вечности. Помоги мне не преуменьшать важности, которую ты придаешь им, и все время помнить, что спасенное дитя — это спасенная жизнь. И, Господь, даже когда я не вижу мгновенных результатов, помоги мне помнить, что Твоя рука покоится на этих детях, и результатом Твоего труда по их спасению станет победа в последний день.

Во имя Иисуса,

Аминь!

Глава четвертая
ВСЕМУ МИРУ

*Кто-то хочет жить в пределах звона
церковных колоколов...
Я хочу держать спасательную станцию
в шаге от ада.*
Ч.Т. Стадд

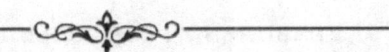

Я сидела, затаив дыхание, на собрании Бизнесменов полного Евангелия, и слушала, как Джейсон Пиблз, учитель Библии и миссионер, рассказывал о своих приключениях. Он недавно был в Венесуэлле, полагаясь на Бога на каждом этапе своего пути. Он проповедовал Евангелие на горных склонах «красного района». Он так назывался из-за крови, пролитой там ворами, бандитами и убийцами.

Мой дух взволновался внутри меня! Когда я смотрела пристально на Джейсона, Святой Дух подтолкнул меня. «Ты хочешь быть похожей на Джейсона, не так ли?» — спросил Он.

«Да, Господь, — тихо ответила я. — Я готова ехать».

«Но Я не призвал тебе в Южную Америку, — ответил Он. — Я призвал тебя в Кокран».

Мне это совсем не понравилось. В нашем городке всего пять светофоров и мы только входили в «пятидесятые», а на дворе были «восьмидесятые»! Население всего округа было около 10000 человек. Что такого стоящего я могла сделать для Господа в Кокране?

Раздосадованная на Бога, я откинулась на спинку стула, пока Джейсон продолжал рассказывать одну историю за другой о Божьих чудесах и промыслах. «Я бы

ЛОВЦЫ ЧЕЛОВЕКОВ

все отдала ради такого», — подумала я. Опасности и трудности, с которыми столкнулся Джейсон, меня совсем не пугали. «Я бы справилась! — подумала я. — Если бы только Бог позволил мне поехать... если бы только Он призвал меня в далекую страну».

И тогда мягко, так мягко, Господь опять сказал: «Если ты позволишь Мне, Я превращу твое агентство недвижимости в душеспасательную станцию».

— Что? Я правильно Тебя услышала, Бог?

Никто бы не смог проповедовать громче, чем это сделал Святой Дух тем вечером. Бог говорил со мной напрямую и я отчетливо понимала Его послание. Мне нужно было просто оставаться собой, заниматься продажей недвижимости, а Бог сделает все остальное! Все так просто. Здорово! Душеспасательная станция. «Хорошо, Бог, давай займемся этим!»

Когда мы отдаем управление своей жизнью Господу, удивительно, в каком направлении мы пойдем.

Рис. 19 – Джейсон Пиблз – основатель Международного миссионерского служения

Вместо того чтобы смотреть на свою работу как на способ заработать деньги, мы можем смотреть на нее как на инструмент распространения Евангелия.

Я всегда испытывала слабость к латиноамериканцам. На самом деле, как только мой муж сделал мне предложение, я уехала в двухнедельную миссионерскую поездку в Мексику. (Он, должно быть, сразу же понял, что его жена будет думать обо всем мире.)

Прошло не так много времени с тех пор, как Бог говорил со мной насчет смены статуса моего офиса, и как-то вечером я проезжала мимо нашей местной торговой палаты. Я увидела молодую пару с тремя детишками. Они явно вышли прогуляться. Я была достаточно близко, чтобы разглядеть, что они не местные. Я остановилась рядом с ними, выпрыгнула из машины и представилась.

Оказалось, что они из Боливии. Алекс, глава семейства, учился в нашем двухгодичном колледже. Их английский, хоть и не совсем правильный, был все же довольно хорошим. Трое маленьких детишек говорили только на испанском. Я полюбила их в тот же миг.

Я узнала, где они живут, и спустя несколько дней раздобыла банку острых перчиков. (Я предупреждала, что буду использовать необычную приманку!) Они были растроганы моим визитом, и это случилось задолго до того, как они осознали, что эта сумасшедшая блондинка-американка действительно печется о них. Когда я упомянула церковь, они сразу же ответили, что они — католики, чтоб я не думала об обращении их в свою веру. «Отлично, — ответила я, — я тоже католичка».

«Правда?» — спросили они.

«Разумеется». Я лишь «случайно» опустила тот факт, что я не римская католичка. «Я верю, что Иисус был рожден от Девы Марии и что Бог — это Троица... Отец, Сын и Дух Святой». Я видела, как они расслабились и опустили свои щиты.

ЛОВЦЫ ЧЕЛОВЕКОВ

«Знаешь, Алекс, — сказала я, оглядывая их запущенный арендованный домик, — я думаю, что могу помочь вам с покупкой дома».

«Да ладно, Джерри? — сказал он с недоверием. — Купить дом.. здесь.. в Штатах?»

«Ну конечно, — сказала я с уверенностью. — Господь покажет мне как вам помочь».

Так началась моя одиссея с Алексом и Дейзи Васкес. Их дом и правда был помойкой. Там было так сыро, что вся их одежда пахла сыростью и затхлостью. Их обувь покрылась зеленой плесенью, и в доме чувствовалась сырость. Я должна была найти им дом. Ситуация была нездоровой.

Рис. 20 – Две семьи одного Отца

Они стали регулярно приходить на ужин. Мы помогали им с детьми, они могли звонить нам по любому вопросу и днем, и ночью, мы даже свозили их на наше собрание в маленькую методистскую церковь. «Джерри, почему твоя церковь такая простенькая? — спросил Алекс. — Почему нет никаких статуй?»

«Так уж сложилось, — ответила я, не желая показаться набожной или религиозной. — Мы всего лишь простые сельские жители Кокрана». Я помолилась про себя: «О, Господь, дай им увидеть Себя в нашей церкви. Покажи им, что Ты более реален, чем какие-либо статуи».

Шло время, и я замечала, как Святой Дух отогревает их сердца. Как-то вечером после ужина мы перебрались в гостиную. Алекс посмотрел нам прямо в глаза, набрал побольше воздуха в грудь и проговорил: «Знаете, Чарли и Джерри, мы ведь никогда не слышали об Иисусе ничего подобного. Мы хотим стать такими же христианами как и вы».

И я уверена, что в тот вечер ангелы на небесах возрадовались, глядя на то, как семья Таков и семья Васкесов взялись за руки, стали в круг и помолились.

Вскоре я смогла помочь им купить в ипотеку прекрасный дом с тремя спальнями. Дейзи была в восторге! Она еще никогда так не радовалась в своей жизни. Детишки носились из комнаты в комнату, визжа от восторга. Пришли друзья из церкви и мы все посвятили этот дом Господу.

Следующие два года мы наблюдали как Алекс и Дейзи возрастают в Господе. Их детишки выучили английский, а наши немного нахватались испанского. Наша младшая десятилетняя дочь Дотти прониклась особой любовью к этой семье из Боливии. Эта любовь проложила мостик между Дотти и этой новообретенной семьей. Мы и не подозревали, во что, по задумке Бога, выльется эта возрастающая дружба.

В итоге, я помогла им продать их дом, и они переехали в Гейнсвилл, штат Флорида, где Алекс получил степень в области бизнеса. Они вернулись в Боливию, и Алекс начал работать с отцом в семейном бизнесе. Следующие двенадцать лет мы ничего о них не слышали. Алекс навестил нас пару раз, но в остальном у нас не было тесных контактов. Мы знали, что они по-прежнему любят Господа и были рады за них.

ЛОВЦЫ ЧЕЛОВЕКОВ

К этому времени Дотти жила в Джолиете, штат Иллинойс, где училась на медсестру. На одно из ее последних занятий в качестве особеного гостя пришел врач, который собирал команду медиков для короткой гуманитарной поездки в Боливию и ему не хватало «еще одной медсестры». Дотти уже побывала в нескольких подобных поездках, когда была подростком, и идея о том, чтобы поехать в другую страну, вызвала в ней сильный отклик, ведь она помнила, что Алекс и Дейзи живут в Боливии. Она вызвалась добровольцем, а дальше вы наверное догадались! Алекс и Дейзи, со всей своей семьей, включая тетушек, дядюшек и двоюродных братьев и сестер, устроили ей сюрприз, встретив ее всей дружной компанией прямо в аэропорту!

Рис. 21 — Ла Паз, Боливия никогда не была такой прекрасной!

После двух недель путешествия по опасным горным тропам, оказав медицинскую помощь более одной тысячи человек, Дотти как почетная гостья осталась на неделю в доме Васкесов. Они жили в особняке с видом на роскошное поле для гольфа. Их слуги заботились о Дотти не покладая рук. Каждый день они поили ее свежевыжатым апельсиновым соком. Они возили ее по достопримечательностям, и устроили ей шоппинг-тур. Так уж вышло, что семья Алекса владела в Лапазе одной третью огромной компании по производству безалкогольных напитков! Ну разве Бог не восхитителен? Посмотрим... куда это я подевала те самые перчики?

ЛОВЦЫ ЧЕЛОВЕКОВ

Молитва на сегодня

Дорогой Господь, когда я начинаю думать о том, как много удивительных и прославленых подвигов я могла бы сделать для Тебя, (если бы только... у меня было больше таланта, если бы только я оказалась в лучших условиях... если бы я была миссионеркой в далекой стране... если бы только...), помоги мне не забывать, что Ты поместил меня туда, где я нахожусь... что талантами, которые есть у меня, оснастил меня Ты... что это именно те обстоятельства, в которые Ты поместил меня... на сегодняшний день. Господь, я хочу быть верной тебе сегодня, там, где Ты меня поместил. Не давай моим глазам блуждать, Господь.

Во имя Иисуса,

Аминь.

Глава пятая

ДРУГ ГРЕШНИКОВ

*«Многие мытари и грешники пришли и возлегли с Ним
и учениками Его... (и Он) сказал им: не здоровые имеют нужду во враче, но больные».
Мф. 9:10, 12*

Мне хотелось спрятаться за рулем. Выражение лица работника на заправке как бы говорило: «Ага, кажется, у Джонни появилась новая». (Имеется в виду женщина). Я сглотнула.

Я ехала на машине Джонни, потому что одолжила ему наш старый красный пикап Форд. Он и его девушка Хелен переезжали в дом, который я только что им продала. Я поймала крупную рыбу, и казалось, что из-за этого я навлекла на себя немного дьявольского огня. Мне хотелось спрятаться, но прежде чем я смогла убежать от насмешливого взгляда работника, Господь мягко обратился к моему сердцу.

«Я был другом грешников. А ты хочешь тоже быть другом грешников?»

«О, Господь, — прошептала я в ответ, — прости меня». Я ощутила такое же глубокое чувство отверженности, которое когда-то испытал Он, и это было словно путешествие назад во времени. Я увидела, как мой драгоценный Господь протягивает руку отверженным из Галилеи. «Я буду им другом», — пообещала я.

В тот день, когда Алекс и Дейзи уехали из города со своим прицепом, Бог обратился к моему сердцу. У Него было для меня новое поручение; но, если честно... я была измотана! Я была матерью, медсестрой, советником и учителем для Алекса и Дейзи. Это было

ЛОВЦЫ ЧЕЛОВЕКОВ

огромной ответственностью. Они были уверены, что я могу творить чудеса. Они называли меня своей мамой и ожидали, что я без проблем продам их дом. Ведь мамы могут все, не так ли? Хвала Его Имени, я действительно нашла покупателя, но какое-то время мне пришлось попотеть.

И вот теперь Бог говорил мне, что этот человек, Джонни, был «крупной рыбой». Он поможет мне поймать его, если я готова поработать. «Хорошо, Господь, — простонала я, — покажи мне, что делать».

Я составила контракт на покупку дома для Джонни, и мне нужно было, чтобы он подписал отпечатанный экземпляр. Хелен позвонила перед тем, как я должна была встретиться с ними у них на квартире. Она сказала, что Джонни заболел. «О, у него грипп?» — спросила я.

«Кажется, да», — сказала она, немного помедлив.

Рис. 22 – Одурманен алкоголем

«Очень жаль, — посочувствовала я. — Давай так, я просто заеду, и ты заберешь контракт и отнесешь его Джонни. Пусть он его подпишет, и ты вернешь его мне».

Когда я приехала к ним, Хелен подошла к моему грузовику и просунула голову в открытое окно: «Знаешь, я не могу врать. Джонни — алкоголик, и сейчас он в жутком запое».

Я радостно улыбнулась и сказала: «Не переживай. Мой муж тоже был алкоголиком. Джонни просто нужен Иисус. Садись в грузовик, я помолюсь за него». И я помолилась.

«Джонни, — закричала она, входя в квартиру, — эта женщина из агентства недвижимости помолилась за тебя».

Распластавшись на диване в пьяном угаре, он произнёс заикающимся голосом: «Это и впрямь то, что мне нужно».

После этого инцидента Бог и дал мне поручение поймать эту крупную рыбу! Я узнала, что на протяжении многих лет Джонни был известным в городе пьяницей. Ходили слухи, что он бывал таким буйным, что однажды едва не откусил ухо полицейскому, когда тот пытался затолкать его в патрульную машину. Он говорил, что потерял счет, сколько раз сидел в тюрьме. Хелен не была его женой, но она любила этого человека! На двоих у них было двенадцать детей! Восемь из них — дети Хелен, и все девочки.

Теперь Бог дал мне замечательного партнёра по рыбалке. Мой муж Чарли отнесся к этому с энтузиазмом! Бог вложил в наши сердца особую любовь к этой парочке. Мы стали навещать их в новом доме, приносили им черничное мороженое, домашние пироги и торты, и время от времени приглашали их к себе на ужин. Шесть месяцев мы налаживали дружбу с ними. Мы начали замечать, что Джонни стал меньше пить и больше работать. Хелен нравилось, как мы влияем на Джонни, и она стала чаще нас приглашать. Скоро мы познакомились с их детьми. Что за семья! Двух старших сыновей Джонни как-то особенно тянуло к нам. Они часто приходили в гости.

Как-то раз их старший сын Фрэнк, сидя на качелях нашей веранды, вдруг выпалил: «Я действительно ценю то, что вы делаете для моего папы».

Понимая, что он открывает мне свое сердце, я ответила: «Это не мы, Фрэнк. Это Господь».

ЛОВЦЫ ЧЕЛОВЕКОВ

«Я действительно люблю своего папу, и я знаю, что пьянство убивает его, — он глубоко вздохнул и продолжил. — Раньше я увлекался наркотиками, и, хотя я больше не употребляю их, я знаю, что мне нужно ходить в церковь...» Он затих, и мы просто сидели, раскачиваясь на качелях.

Рис. 23 – У Бога есть номер каждого

Наконец, набравшись смелости и посмотрев ему прямо в глаза, я сказала: «Слушай, Фрэнк, ты можешь ходить в церковь хоть каждый день и всё равно оказаться в аду». Приняв его молчание как знак согласия, я приступила к изложению плана спасения. Когда он ушёл в тот день, я не знала, оттолкнула ли я его навсегда или нет, но я знала, что у Бога сохранился его номер.

Через несколько дней Чарли и я как раз собирались обедать, когда я вдруг ощутила острое желание помолиться за Джонни. «Дорогой, — сказала я, — нам нужно помолиться за Джонни и его мальчиков».

— Почему? — спросил он. — Что-то случилось?

— Я не знаю. Я знаю, что надо молиться.

Склонив головы, мы искренне ходатайствовали в Духе. Я была так благодарна за эту возможность молиться. Вскоре мы узнали, что Святой Дух имел четкую цель.

Через пятнадцать минут позвонила Руфь, одна из дочерей Хелен. Она проговорила сквозь слезы:

ДРУГ ГРЕШНИКОВ

«Пожалуйста, приезжайте быстрее. Фрэнк и Берти попали в аварию, и, кажется, у Фрэнка сломана спина».

Мы поспешили в больницу, и по дороге начали провозглашать обетования. Я молилась вслух: «Господь, мы верим, что ни одна кость не сломана во имя Иисуса!» Когда мы вбежали в отделение скорой помощи, Фрэнка как раз вывозили на носилках. Ни одной сломанной кости! Они оба легко отделались!

Как оказалось, братья решили заехать к нам, чтобы пригласить Чарли на рыбалку. Они были на мотоцикле. В тот самый момент, когда мы молились за них, они начали обгонять машину. Водитель, ехавший перед ними включил правый поворотник. Предположив, что он будет поворачивать вправо, они начали обгон слева. Водитель, не заметив их, неожиданно повернул влево и сбил их своей машиной.

Фрэнка и Берта подбросило в воздух почти на двадцать метров, они упали на асфальт перед автомойкой. По счастливой случайности бригада скорой помощи как раз пригнала свою машину на мойку. Удивительно, как Бог использовал это происшествие в жизни этой семьи! Из-за аварии Фрэнк обрел спасение. Спустя несколько месяцев после этого почти трагического происшествия он поступил в Библейский колледж Норвела Хейса в Теннесси, а затем отправился на Филиппины в качестве миссионера.

Став новообращенным христианином, Фрэнк попросил нас начать изучение Библии в доме его отца, и с разрешения Джонни мы это сделали. На третьей неделе занятий, сидя за кухонным столом, Джонни поделился историей из жизни своего отца. Закончив свой рассказ, он сказал: «Перед смертью, мой отец был уверен, что он на правильной стороне».

Почувствовав, что Дух Божий работает в его сердце, я спросила: «А как насчёт тебя, Джонни? Ты на какой стороне?»

ЛОВЦЫ ЧЕЛОВЕКОВ

Глубоко вздохнув, он уклончиво отверил: «Ну, Джерри, если честно, я не знаю, на какой я стороне».

Чарли быстро ответил: «Ты мог бы узнать это уже сегодня вечером, Джонни. Разве ты не хочешь обрести спасение?»

Со слезами на глазах он сказал: «Да, я хочу, но, Чарли, мы с Хелен просто живём вместе». (Как будто это было для нас новостью!)

Рис. 24 – Иисус, я прихожу такой как есть

«Вы легко можете это уладить», — сказал Чарли. Затем, глядя на Хелен, у которой тоже были слёзы на глазах, он мягко спросил: «А ты, Хелен? Ты хочешь тоже обрести спасение?» Она просто кивнула с широкой улыбкой на лице. Остальное было простым путешествием по Римской дороге спасения. Они склонили головы и открыли свое сердце Иисусу, в этот миг я почти услышала, как на небесах начинается еще одна вечеринка.

Ох и потрудиться мне пришлось после этого. У меня была всего неделя, чтобы испечь и украсить торт и организовать свадьбу. Как оказалось, это было потрясающее празднование. Одиннадцать из двенадцати детей смогли присутствовать. Кстати, теперь у них есть общий ребенок — МАЛЬЧИК!! Его назвали Джон Александр младший. Кажется, я где-то читала, что Джон (Иоанн) был рыбаком?

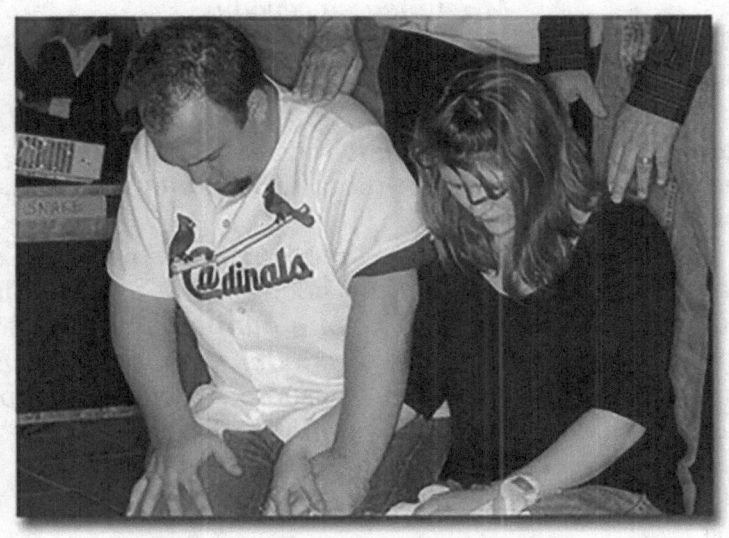

Рис. 25 – «Время нам вручить себя Господу»

Постскриптум:

С тех пор прошло уже более сорока лет. Многое изменилось в этой семье. Джонни ушёл к Господу. Я уверена, что если бы он мог заглянуть за врата Небес, он был бы безмерно горд своим наследником.

Молодой Джон теперь женат и у него есть собственный ребёнок, маленький мальчик. Хелен до сих пор верно посещает ту же церковь, членами которой они были вместе с Джоном. Все дети приняли решение в пользу Христа и хранят очень тёплые воспоминания о своём отце. Хелен и я остались лучшими подругами. Мы всегда будем помнить начало их настоящей жизни, там, за кухонным столом так много лет назад.

Молитва на сегодня

Дорогой Господь,

Сегодня я хочу быть другом грешников. Я хочу касаться их так, как касался их Ты, Господь, без страха быть оскверненной, без отвращения, без осуждения и порицания.

Господь, я хочу, чтобы потерянные души тянулись к Тебе благодаря Твоей любви и принятию в моей жизни. Я хочу, чтобы они ощущали Твою любовь через меня. Прошу Тебя, Господь, чтобы Ты изливал Себя через мою жизнь сегодня, таким образом грешники будут спасены Тобой!

Во имя Иисуса,

Аминь

Глава шестая
БОЖЕСТВЕННЫЕ ВСТРЕЧИ

«Господь же сказал ему: встань и пойди на улицу
.....ибо он есть мой избранный сосуд, чтобы возвещать имя Мое
перед народами...»
Деян. 9:11-15

Сидя в стриптиз-клубе в центральной части Джорджии, Роджер пытался заглушить голос Святого Духа. В пятнадцать лет он посвятил себя Христу и увлеченно изучал Библию. Спустя годы, просматривая свои записи, он осознавал, что Бог влек его к служению учителя, но в этот период его жизни служа на базе ВВС Робинс в

Рис. 26 – Роджер встречает Энн в баре

Уорнер-Робинсе, Джорджия, сатана медленно, но верно утягивал его в болезненный мрак греха.

Страдая от одиночества и тоскуя по дому, Роджер пошел в бар с обнаженными танцовщицами. Заказав пиво, он сел за переполненный столик, где девушки, обнаженные до пояса, танцевали и соблазнительно улыбались ликующей публике, исполняя заключительные танцевальные движения прямо на столах. Громкая, пульсирующая музыка выбивала ритм, который, казалось, совпадал с биением его сердца, в то время как черные огни придавали танцующим девушкам неземной вид. Маленькая, симпатичная брюнетка бросила на Роджера приглашающую улыбку. Их взгляды встретились.

Вдали от дома и уязвимый, Роджер охотно поддался её соблазнительным ухаживаниям. Позже он узнал, что Энн, мать-одиночка, воспитывала маленькую дочь. По её словам, она старалась изо всех сил, чтобы обеспечить их обеих. «Иногда нам приходится делать неприятные вещи, чтобы выжить в этом мире», — оправдывал он её профессию.

По своей природе любя детей, Роджер вскоре принял Энн и её дочь как свою новую маленькую семью. Он знал, что они смогут справиться. Они нуждались друг в друге, а маленькой девочке были нужны и мама, и папа. Они решили пожениться и вместе создать настоящую семью.

Рис. 27 – Живи на полную!

Когда Роджер ушел в отставку из ВВС, он купил дом в Кокране. Это был большой дом, достаточно просторный, чтобы их друзья, Рон и Джули, могли переехать и жить с ними. Это должено было стать новым началом для обеих пар. Больше никаких стриптиз-баров! Жизнь в маленьком городке была тем, что им нужно.

После завершения службы Роджер и его друг Рон начали учиться на дальнобойщиков, а жена Рона, Джули, присматривала за своим ребёнком и за дочкой Энн. Энн устроилась посудомойкой в небольшой местный ресторан.

Вскоре после того, как Энн начала свою новую работу, одна из сотрудниц пригласила её в церковь. Этой сотрудницей была наша дочь Дотти!

Энн интересовалась Богом и чувствовала, что в её жизни чего-то не хватает. Она рассказывала своей подруге Джули о своих беседах с Дотти. В то же время Дотти рассказывала мне о новеньких, которые переехали в Кокран. Все больше и больше я стала ощущать, что мне надо больше уделять внимания этим людям.

Дотти рассказала мне, где живут Энн и её подруга Джули, и я решила прокатиться до их дома. Подъезжая, я увидела двух женщин на крыльце. Я знала, что Энн на работе, значит женщина, стоящая в дверях, должна быть Джули. Я остановилась и крикнула: «Мэм, можно вас на минутку?» Все три женщины обернулись и посмотрели на меня. Те двое на крыльце подумали, что я обращаюсь к ним. Указав на Джули, я сказала: «Нет, мне нужна она».

Джули с большим удивлением подошла к машине. Я посмотрела ей в глаза и низким серьезным голосом сказала: «Вы меня не знаете, но Бог послал меня сюда. Эти люди из секты. Не покупайте у них ничего. Я вернусь позже».

С таким же серьёзным видом она ответила: «Хорошо», а в ее глазах отражалось удивление от того, что я только что сказала. Я знала, что она ломала голову над тем, кто я такая, и кто мог послать меня с таким срочным и странным сообщением. Улыбнувшись одобрительно, я уехала.

Я верю в божественные встречи. А вы? Это определённо была одна из них. Эта девушка была потрясена до глубины души, поэтому она сказала тем женщинам на крыльце, что не может с ними говорить, и быстренько вернулась в дом.

Рис. 28 – Хэл Линдси «Покойная великая планета Земля»

Позже я вернулась и встретилась с обеими парами. Все они, похоже, волновались перед встречей со мной, и когда я представилась Роджеру, он вдруг спросил: «Вы когда-нибудь читали книгу «Покойная великая планета Земля» Хэла Линдси?» Когда я ответила, что читала, он признался: «Это был тот самый момент. Я понял, что Бог преследует меня».

Послушай, что я тебе скажу, друг мой. Бог знает, где мы находимся. Он пойдет на всё, чтобы вернуть нас обратно.

Вскоре все они начали ходить в церковь. Это происходило эпизодически, но, мы все равно с радостью наблюдали, как Бог работает в жизни этих людей.

Хотя Энн и ходила в церковь, ее сердце по-сути еще не принадлежало Христу. Для неё всё это оставалось на уровне знаний. Она понимала, что принять Христа — правильный шаг, но её прошлое не давало двигаться вперед. Вскоре она совсем перестала ходить в церковь.

Казалось, что всё, чего мы добились в работе с этими семьями, подвергалось нападкам сатаны.

Рис. 29 – «Господь, прости меня; Господь, измени меня!»

Прошло несколько месяцев. Энн уволилась из ресторана. На стук в дверь никто не отвечал. Я была подавлена, но не Бог!

Однажды, проезжая мимо их дома, я увидела Роджера, сидящего на крыльце. Я радостно помахала ему и продолжила ехать до знака «стоп». Я бы хотела сказать, что вдруг услышала голос с небес, который сказал: «Сдай назад», или что-то столь же драматичное или духовное. Однако, ничего подобного не было. Я просто доехала до угла, замешкалась, а затем сдала назад и вернулась к дому Роджера.

Выпрыгнув из машины, я спросила: «Как дела, брат?»

Позже я узнала, что дела его были плохи. Он был глубоко погружен в диалог с Богом, когда я прервала его. Оказалось, что Энн ушла от Роджера и вернулась к своей прежней профессии. В глубокой депрессии он собрал около пятидесяти таблеток и, попивая пиво, объяснял Богу, почему он должен покончить с собой и почему заслуживает попасть на Небеса.

Он увидел меня как раз в тот момент, когда я проезжала мимо и подумал: «О, нет, она же всё испортит». Пока я ехала, он быстро спрятал свою выпивку и, немного расслабившись, помахал мне в ответ.

ЛОВЦЫ ЧЕЛОВЕКОВ

Он убедился, что я проехала мимо и не собираюсь ему мешать. Он все таки сможет покончить с собой. Но не раньше, чем он сможет объяснить Богу все свои причины. И тут он увидел, как загораются огни заднего хода моей машины. «О, нет! Она снова сюда едет».

Когда я вышла из машины, Роджер спрятал пиво. Подходя ко мне, он честно ответил: «Дела у меня не очень. Энн ушла от меня».

Выразив свои сожаления, я пригласила его на церковный ужин. «Тебе не надо ничего приносить, — сказала я со всей добротой, на которую была способна. — У нас будет много еды». Моё сердце было наполнено сочувствием к этому молодому человеку.

То событие положило новое начало для Роджера. В тот вечер в церкви он посвятил свою жизнь Господу Иисусу Христу. Нет, Энн не вернулась и не обрела спасения. Они не жили счастливо до конца дней. Насколько известно Роджеру, она так и танцевала в стриптиз-барах. Мы искренне молились, чтобы она изменилась, но этого не произошло. Роджеру было тяжело. Но он положил начало своего роста в Господе. Как только выпадала возможность, он посещал церковные собрания и изучение Библии!

Через несколько месяцев Роджер уехал из Кокрана. Затем, находясь на службе в Национальной гвардии США в Дании, он несколько раз оступался. Сатана не желал легко сдаваться. Мы продолжали молиться за нашего брата. После возвращения в Штаты Роджер был решительно настроен наладить свою жизнь и следовать за Иисусом. Время от времени он звонил нам и сообщал, что его дела продвигаются вперёд. Мы радовались вместе с ним.

Через какое-то время прозвучало объявление о свадьбе. Он сообщил нам, что Господь даровал ему встречу с прекрасной женщиной-христианкой, и они планируют провести свою жизнь вместе, мы все прославили Господа за это. Мелинда тоже любила детей и служение. Они стали детскими служителями и сегодня служат в церковном кукольном театре, рассказывая детям об Иисусе. Они замечательная команда для служения Иисусу!

День, который казался Роджеру безнадежным, на самом деле стал поворотным моментом в его жизни. У Бога был для Роджера чудесный план. Сегодня он идет по этому пути и делится с каждым тем, что Христос сделал для него.

Чуть больше года назад Роджер возвращался домой в Атланту из Саванны со своим воинским подразделением. Как всегда он рассказывал свою историю товарищам по оружию, примерно так же, как это делаю сейчас для вас я. По мере того как они двигались на север по трассе I-16 и приближались к придорожному кафе под названием Mee Maw's (У бабули), Роджер уверенно сказал молодому человеку: «Я помолюсь, чтобы в этом придорожном кафе мы встретили Джерри Так, чтобы ты познакомился с ней!»

Это придорожное кафе находится тридцати двух километрах от нашего дома и посреди пустынной местности. Мы редко туда заезжали из-за неудобного расположения. Но по какой-то странной причине, когда Чарли и я сидели в гостиной, читая газету, я посмотрела на него и сказала: «Давай-ка сделаем нечто необычное. Хочешь съездить в Mee Maw's и пообедать там?»

— Конечно, — с готовностью ответил Чарли.

Мы уже несколько месяцев не общались с Роджером. Представьте наше удивление, когда перед нами возник Роджер с группой солдат, которые решили перекусить. С широкой улыбкой на лице, он представил нам молодого нацгвардейца. После короткой беседы, Роджер и его товарищи поехали дальше в Атланту.

Рис. 30 – В ресторане «У бабули»

Прошло больше года, прежде чем Роджер рассказал нам о своей попытке самоубийства и о том, как Бог чудесным образом ответил на его молитву, приведя Джерри Так в то придорожное кафе Mee-Maw's на стоянке грузовиков на трассе I-16!

Без сомнения... еще одна божественная встреча.

Сейчас Роджер следует по пути своего божественного назначения. Он смог донести до своих детей, что лучшее в жизни — это следовать за Богом.

Прошло уже более тридцати лет, и Роджер больше не ходит во тьме греха. Сейчас Роджер и его жена Мелинда служат Богу в церкви Нью Лайф Пентекостал Холинес в Томастоне, штат Джорджия, где он является пастором. Его жена Мелинда является одной из лидеров прославления и поклонения. У них трое взрослых детей: Лиланд, Эмми и Шейн.

Что касается бывшей жены Роджера, то она уже ушла из жизни. Дочь Энн верит, что ее мать приняла Христа как Спасителя перед смертью... и за это мы все бесконечно благодарны.

Рис. 31 – Божественные встречи с Роджером Аткинсоном и семьей

Рис. 32 – «Я – свет миру»

ЛОВЦЫ ЧЕЛОВЕКОВ

Молитва на сегодня

Дорогой Господь,

Сегодня новый день. День, наполненный божественными встречами. Господи, помоги мне появляться вовремя — не слишком рано и не слишком поздно. Я не хочу упустить ту потерянную душу, которая будет на следующей кассе, в кабинете врача или даже на спортивном матче. Позволь мне услышать Твой голос, Господь, и следовать Твоим указаниям. Возможно, наша особенная встреча станет началом его вечной жизни.

Во имя Иисуса,

Аминь

Глава седьмая

НИЧТО НЕ ОТЛУЧИТ НАС

*«Ибо я уверен, что ни смерть, ни жизнь,
ни Ангелы, ни Начала, ни Силы, ни настоящее,
ни будущее,
ни высота, ни глубина, ни другая какая тварь
не может
отлучить нас от любви Божьей
во Христе Иисусе, Господе нашем».
Рим. 8:38-39*

Она посадила его себе на плечи. Он был худеньким мальчиком, лет десяти. «Видишь что-нибудь?» — шепотом спросила она. Мальчик протёр окно рукавом своей рубашки.

— Все чисто, мам, — ответил он так же тихо.

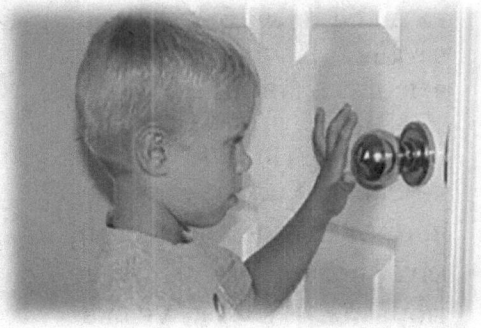

Рис. 33 – Через окно к черному входу

Аккуратно, очень аккуратно, жилистый юноша давил на окно, пока оно не открылось. Получив толчок от матери, он проворно пробрался внутрь. Осторожно и бесшумно он преодолел спальню, прошел по коридору и через кухню к задней двери. Снаружи его ждали мать и младшая сестра. Как только они вошли в темный дом, они действовали быстро. Они украли все, что могли, и, поспешно направившись к машине, скрылись в ночи.

ЛОВЦЫ ЧЕЛОВЕКОВ

Эта сцена повторялась много раз, пока мать, в конце концов, не была арестована. Это не было её первым преступлением. Когда она сидела в камере тюрьмы Хокинсвилля всего в одиннадцати милях от моего дома, я и представить не могла, что Бог уже работал, планируя нашу встречу.

«Джерри, мне нужно, чтобы ты поехала со мной в тюрьму, — сказала моя подруга Хильда МакВэй по телефону. — Там есть женщина, которая использовала своих детей, чтобы грабить дома. Господь дал мне желание посетить её и я бы хотела, чтобы ты навестила её вместе со мной».

Внутренне я усмехнулась. Хильда определенно не казалась той, кто посещает местные тюрьмы. Её муж, уважаемый бизнесмен, мог бы не одобрить таких благородных начинаний, но я была готова. Если у Хильды было желание навестить такую женщину, я знала, что это должно быть от Бога. Она была одной из самых достойных христианок, которых я знала в Кокране. Её любовь к людям и к Господу была непревзойденной.

Рис. 34 — «Эдит, ты там?»

Что же задумал Бог? Я не могла дождаться, чтобы выяснить это.

Постучав по толстой стальной двери, я крикнула: «Эдит, ты там?»

Нерешительный женский голос ответил: «Да, я здесь».

Хильда заулыбалась, когда я начала говорить с женщиной, которую ни она, ни я никогда раньше не встречали. «Эдит, Господь послал нас сюда. Мы с подругой пришли, чтобы сказать тебе, что Бог любит тебя». Молчание. «Эдит, ты слышишь нас?»

Эдит слушала, пока я говорила о Божьей любви, а Хильда вознесла свое сердце к небу в молитве. Вскоре мы все встали на колени... Хильда и я — на холодном, сыром бетонном полу с одной стороны двери, а Эдит — с другой. Ещё одна душа родилась для Царства Божьего, и Джерри Так отправилась на очередную рыбалку!

Хильда выполнила свою задачу, и с этого момента я подхватила эстафету. Вскоре я стала регулярно навещать Эдит. Я привела её сокамерницу Вивиан к Господу, и мы все начали изучать Библию вместе. Было радостно наблюдать, как они обе росли в Господе.

Во время визитов к Эдит в тюрьму я встретила «тётю Пэт». Она была старшей сестрой Эдит, милая и учтивая женщина, которая заботилась о двух детях Эдит, пока та сидела в тюрьме. Хотя у Пэт уже были дети и внуки, которые жили с ней в трейлере, у нее всё равно нашлось место в сердце ещё для двух. В тесноте да не в обиде, все же они были семьей. Как-нибудь справятся.

Когда судья вынес приговор Эдит, она впала в панику. Зная, что Пэт не сможет заботиться о её детях бесконечно, она умоляла меня усыновить их. Это было невозможно. Наши пятеро детей все еще жили с нами, и мы едва справлялись финансово. Моё сердце разрывалось от того, что я не могла помочь ей таким образом. Умоляя Господа, я воскликнула: «Отец, пожалуйста, покажи нам, что делать с этими детьми. Помоги найти им дом».

ЛОВЦЫ ЧЕЛОВЕКОВ

Эдит перевели из Хокинсвилля в женскую тюрьму в Миддлджвилле. Тогда Чарли и я принялись искать место для её детей. Казалось, что никто не был готов принять двоих детей-подростков.

После тщательных поисков нам удалось устроить их в Методистский дом для детей в Макин. Это не было идеальным решением, но мы с Пэт могли навещать их по выходным. Это как-то помогало. Дети знали, что у них есть семья и друзья, которые их любят.

По мере того как росла наша дружба с Эдит, росла и наша связь с Пэт. Скоро мы начали изучение Библии у неё дома. Из этих собраний стало понятно, в чем нуждалась эта драгоценная семья. Вскоре мы увидели, как действует Бог, который послал им хороший кирпичный дом. Снова Бог использовал мой бизнес в сфере недвижимости, чтобы стать благословением. Как я славила Его за знания, которые Он дал мне в этой области.

Рис. 35 – Кому есть дело?

Собрание росло. Сыновья Пэт, Рэй и Дональд, вошли в Царство Божие, стоя у могилы их деда на красивом кладбище в Стейтсборо, Джорджия. Когда мы стояли там, я поговорила с ними о вечном состоянии их душ.

«Знаете, однажды мы все будем в могиле, как ваш дедушка», — сказала я. Рэй промолчал, продолжая задумчиво смотреть на только что засыпанную могилу его деда. «Если бы вы, ребята, умерли сегодня, и ваши тела положили в землю, где бы оказались ваши души?»

Это вопроса вполне хватило. Оба помолились, чтобы принять Христа в свои сердца, и жизнь вышла из смерти.

Бог очень мощно работал в этой семье. Неудивительно, что Конни, единственная дочь Пэт, вновь посвятила свою жизнь Господу. Теперь дети Конни — Даниэль и Сара — тоже начали узнавать о Иисусе.

Цепная реакция продолжалась, и мисс Адель, мать Пэт и Эдит, начала приходить на изучение Библии. Недели превратились в месяцы, а затем и в годы. В общей сложности мы встречались в доме Пэт на протяжении четырёх лет. Часто мы чередовали собрания, проводя их то в доме Адель, то в квартире Рэя.

Вскоре мы купили фургон, и смогли брать всех на церковные служения три раза в неделю. О, какие же это были веселые времена общения во время поездок в Хокинсвилл и обратно!

То, что начиналось как близкая дружба с Эдит, теперь охватило всю семью Пэт. Рэй, её старший сын, был зависим от марихуаны прежде чем обрел спасение. Однажды вечером, когда мы собрались для изучения Библии в его квартире, мы решили провести что-то вроде ефесского костра! Рэй собрал все свои атрибуты для употребления наркотиков, рок-записи и всё, что напоминало царство сатаны. Рэй хотел полностью порвать с прошлым. Прочитав в Деяниях 19:18-20, что ефесяне сжигали свои магические книги и идолы, он сказал нам, что тоже хочет сделать это. Это должно было стать необыкновенным событием.

Когда мы с Чарли подъехали к его заднему двору, мы были в восторге от кучи мусора, которую он собрал. На заднем крыльце в полном недоумении сидел Том, его поставщик наркотиков. Том пытался продать ему наркотики ранее на этой неделе, но Рэй сказал ему, что у него теперь другая «связь».

Этой связью был Иисус! Тому было негде жить, так что Рэй пригласил Тома пожить у него. Но было одно условие: посещать изучение Библии по понедельникам!

Когда пламя взметнулось в ночное небо, Господь начал затрагивать сердце Тома. К концу вечера он тоже стал дитём Божьим. Бог действовал, и мы продолжали радоваться тому, что Он делал. В течение последующих недель и месяцев мы видели, как другие пришли ко Христу, включая жену Тома. Нет слов, чтобы описать ту радость, которую испытывали мы с Чарли, наблюдая за всем этим и видя руку Божью в происходящем.

Рис. 36 – Сжигая дела тьмы

Наконец, Эдит вышла из тюрьмы. Она воссоединилась со своими детьми и в итоге вышла замуж за по-настоящему доброго человека, который любил её и её детей. Они все переехали в горы и начали новую жизнь. Я знала, что Бог совершил великое чудо в жизни Эдит. Теперь она принадлежала Господу, и Он будет с ней куда бы она ни пошла.

Рис. 37 – Пэт – Я забираю тебя домой

Прошло двенадцать лет с тех пор, как я впервые встретила Эдит и её семью. Наступил 1993 год — год, который семья никогда не забудет. Адел, страдающая диабетом, была поражена болезнью Альцгеймера. Навещая её в доме престарелых, Пэт и Эдит переживали, видя, как их дорогая мать угасает. Часто она даже не узнавала их. Теперь, когда все они были христианами, их лишили самого драгоценного... общения в Нем.

Однажды с гор пришла шокирующая новость. Эдит таинственным образом скончалась во сне. Мы все были потрясены. Её муж Фрэнк был в глубоком горе. Пэт была опустошена.

ЛОВЦЫ ЧЕЛОВЕКОВ

Несколько месяцев спустя, когда Пэт везла Конни на работу, на дорогу внезапно выскочил олень. Пэт увернулась, но было слишком поздно. Машина перевернулась несколько раз. Пэт выбросило из машины. Хотя Конни получила множество травм, она выжила. А Пэт нет.

Пока врачи работали над Конни в реанимации, Пэт, борясь за свою жизнь, ушла из жизни. Медицинская команда, не теряя надежды, продолжала работать над ней. Наконец, когда уже казалось, что вся надежда утрачена, им удалось реанимировать её. Пэт перевели в Макин, и началось ожидание. Девять дней спустя, после того как она сказала всей своей семье и друзьям, как сильно их любит, она впала в кому и ушла к Иисусу.

Моя дочь Сэнди, медсестра, работающая в больнице Хокинсвилла, утешила меня: «Мам, она, наверное, сказала Иисусу, что у неё остались незавершённые дела, и Он позволил ей вернуться, чтобы она могла сказать всем, что любит их». Это мне помогло.

Адель, всё ещё находясь в доме престарелых, не знала, что её две дочери ушли первые. Некоторое время спустя в том же году она тоже ушла к ним. Я уверена, что для них троих это было потрясающее воссоединение. Никакие тюрьмы, расстояния или изнурительные болезни больше не могли их разлучить. Они вместе... с Иисусом.

Я так рада, что я нашла время пойти «порыбачить» в тюрьму с моей подругой Хильдой МкВей! Она тоже ушла к Господу. Ожидая своего собственного ухода домой, я знаю, что увижу этих четырёх драгоценных женщин там. Сегодня они все выглядывают из-за края небес и говорят: «Продолжай, Джерри. Не сдавайся в работе с людьми. Когда ты придешь сюда, поймешь, что оно того стоило. Поверь нам... оно того стоило!»

Молитва на сегодня

Дорогой Господь,

У Тебя в сердце, должно быть, особое место для семей. Достаточно движения Твоего Духа в сердце одного члена семьи, чтобы это затронуло всех остальных. Господь, когда я смотрю на «одного», помоги мне помнить, что за этим одним может стоять ребёнок, мать или сестра, которые будут затронуты ответом этого одного на благовестие.

Во имя Иисуса,

Аминь

Рис. 38 – Иисус сказал: «Следуй за Мной»

Глава восьмая
УКРАШЕНИЕ ВМЕСТО ПЕПЛА

«Господь Бог твой среди тебя,
Он силен спасти тебя; возвеселится о тебе радостью,
будет милостив по любви Своей, будет торжествовать о тебе с ликованием».

Соф. 3:17

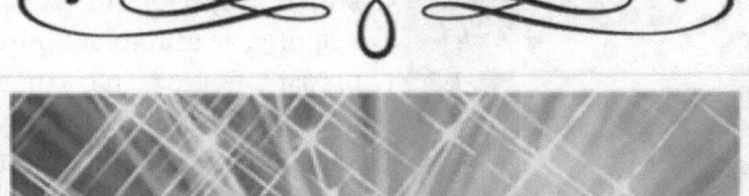

Рис. 39 – Украшение вместо пепла

«У нет», — подумала я, глядя в окно. По моей длинной грунтовой дороге к входной двери шли две женщины. Я была уверена, что они представители какой-то местной секты, и приготовилась к очередной проповеди: «Вы знаете, что конец света близок? Вам нужно купить одну из наших книг, и, возможно, вам удастся избежать Великой скорби».

ЛОВЦЫ ЧЕЛОВЕКОВ

Я глубоко вздохнула, натянув улыбку, и открыла дверь. Передо мной стояла крайне недовольная женщина, а позади нее стояла симпатичная девочка-подросток. «Можно от вас позвонить?» — спросила женщина. По их лицам катился пот, а женщина быстро объясняла, что у их машины спустило колесо и они застряли на шоссе.

Рис. 40 – Проблемы с машиной ради Иисуса

Я вздохнула с облегчением когда узнала, что они не были религиозными проповедниками, и, сказав: «Конечно», пригласила их войти. Проводив их к телефону, я старалась не слишком явно их разглядывать. Женщина обрушилась с бранью на человека который ответил на ее звонок. Девочка-подросток явно смутилась из-за вспышки своей матери. Если бы поблизости была потайная дверь, она, несомненно, предпочла бы исчезнуть с глаз долой.

Выругавшись еще несколько раз, женщина сказала, что помощь в пути. Когда она собралась уходить, я сразу почувствовала, что этой женщине мог бы пригодиться друг. «Хотите подождать здесь, в доме, пока приедет помощь? — предложила я. — Уверена, что стакан холодного чая сейчас был бы кстати».

Пытаясь помочь ей почувствовать себя спокойнее, я подошла к холодильнику, достала чай и решила поболтать о том, как жарко на улице, и о том, как мы, женщины, явно находимся в невыгодном положении, когда дело касается замены колеса.

Пока они ждали помощи, я узнала, что женщину зовут Джанетт, а Лора — одна из её шести детей. С точки зрения Джанетт, жизнь была довольно отвратительной. Вскоре я поняла, что она ненавидела всё и всех. Разумеется, то, что она оказалась на обочине шоссе 26 в жаркий и влажный день в Джорджии, никак не улучшило её настроение. Когда они уходили, я пригласила их заглянуть ко мне снова.

И Джанетт вернулась!

Более того, она приходила почти каждый день в течение месяца. Она появлялась у нас дома с утра пораньше, еще до того, как Чарли уходил на работу, а потом снова возвращалась после обеда, часто оставаясь до вечера. Это начало раздражать Чарли. «Дорогая, эта женщина тратит твое время впустую», — сказал он как можно мягче. К концу месяца он знал, что Джанетт постоянно занимает мои мысли и сердце.

«Нет, не впустую! — возразила я, защищаясь. — Она спасется, и вся ее семья тоже!» Я была тверда как кремень. Я была полна решимости поймать эту «рыбу». Больше всего на свете ей нужен был Иисус. Я могла закрыть глаза на ее ругань и зависимости, на ее отвратительное отношение к жизни и людям. Я просто знала, что Бог любит ее, и Он вложил в мое сердце Свою любовь к этой озлобленной женщине.

И вот однажды это случилось. Именно так, как я себе это и представляла! Она снова пришла рано утром. Накануне ночью шел сильный дождь. Крыша над потолком в нашей столовой протекала уже много лет, и мы с Чарли выливали воду из кастрюль и тазов, чтобы вновь поставить их под капающий потолок. Джанетт, к этому времени уже ставшая почти членом семьи, начала нам помогать.

ЛОВЦЫ ЧЕЛОВЕКОВ

Сделав всю работу, мы сидели на полу среди кастрюль и тазов, наслаждаясь чашечкой кофе. В доме Таков нет места для притворства — это уж точно. Оглядываясь назад, я не совсем помню, как начался разговор, но я знала, что это нужное место в нужное время. (Ловись рыбка и большая и маленькая!)

«Джанетт, — спросила я, — ты хочешь принять Иисуса в свою жизнь?» Джанетт кивнула в тихом согласии, и мы помолились вместе с ней. Так началась новая жизнь для Джанетт.

Рис. 41 – Джанетт, время молиться

Изменения были невероятными. Ее зависимость от валиума исчезла. После пяти лет на таблетках, она была свободна! Исчезли ее жалобы и ворчание. Все заметили, что Джанетт стала другим человеком.

Ее погружение в Слово Божье было таким же интенсивным, как и ее прежнее горькое отношение к жизни. Она начала постигать истины, которые ускользнули от многих теологов. Ее любовь к людям была неподдельно искренней. Забота о других стала главной целью ее жизни. Ей хотелось сделать как можно больше, дать как можно больше и молиться как можно больше.

Однажды вечером, шесть месяцев спустя, она вдруг подумала: «Этого всего просто не может быть. Я, наверное, все это придумываю. Невозможно, чтобы Бог так сильно меня любил». Подавленная своими тревожными мыслями,

УКРАШЕНИЕ ВМЕСТО ПЕПЛА

она вошла в ванную и потянулась за бутылочкой валиума, которую задвинула к задней стенке аптечки. Она начала открывать бутылку, как вдруг остановилась и сказала: «Нет! Господь, я возвращаюсь в постель, и если Ты настоящий, то должен дать мне знамение».

Рис. 42 – Она излила себя на Иисуса

На протяжении всей своей жизни Джанетт ощущала себя нелюбимой. Ее мать умерла при родах, и поэтому она никогда не испытала того, что многие из нас воспринимают как должное материнскую заботу. Не было никого, кто бы целовал ее ушибы, брал на ручки, гладил по волосам и говорил, что она — драгоценное дитя; был только отец-алкоголик, который отправлял ее жить то к одной родственнице, то к другой.

По ночам она смотрела в окно и умоляла Бога послать кого-то, кто бы полюбил её. Но никто не приходил.

Пришло время испытать Бога. Он никогда не отвечал на её просьбы раньше, но ей нужно было узнать. Убрав бутылку валиума в шкафчик, она залезла в постель. «Реален ли Ты, Бог?»

Пока она засыпала, Господь нежно прикоснулся к ней в сновидении. Как рассказывает Джанет, она увидела, как Иисус приближается к ней, протянув к ней руки. На

ЛОВЦЫ ЧЕЛОВЕКОВ

Нём было самое красивое одеяние, которое она когда-либо видела.

«Одеяние было зелёным, синим и фиолетовым, — рассказывает она. — Оно было из переливающейся ткани, и оно струилось, когда Он шёл ко мне». Со слезами на глазах она добавила: «Я никогда не забуду этого. Он пел для меня. Для меня! Он пел: "Джанетт, ты так красива". Он пел это снова и снова, и каждый раз Он пел моё имя».

Рис. 43 – «Брентон, давай избавимся от этих бородавок!»

Она больше никогда не сомневалась. Даже когда её сын Дэвид заболел лейкемией, и врачи сказали, что сделали всё, что могли, её вера в Бога, который любил её и пел ей, осталась непоколебимой.

Десятилетний Дэвид отек от лекарств, облысел от химиотерапии и ужасно ослаб от болезни, которая вытягивала из него жизнь. Но Джанетт помнила песню.

Когда полностью выздоровевший Дэвид вышел из больницы, доктор сказал с удивлением: «Я не верил вам, Джанетт. Я не верил, что Дэвид может быть исцелен, но я ошибался. Он исцелен на 100 процентов. Единственная проблема — он никогда не сможет иметь детей... но он будет жить!»

Пятнадцать лет спустя Дэвид и его жена Лори стали гордыми родителями здоровой девочки! Джанетт и Дэвид попали на телевидение в Саванне со своей удивительной историей. Джанетт неустанно трудилась для Фонда лейкемии, помогая другим находить надежду в безнадежных случаях. Иисус продолжает петь Джанетт и по сей день.

Её десятилетний внук Брентон тоже учит эту песню. В течение двух лет она наблюдала, как он страдает от ужасных, уродливых бородавок на руках. Однажды Джанетт посмотрела на него и сказала: «Брентон, мне надоели твои бородавки. Давай избавимся от них раз и навсегда». Врачи испробовали всё. Брентон стеснялся этого состояния и соглашался на все возможные методы лечения. Ничего не помогало.

На коленях они попросили Господа решить проблему. В ту ночь, подоткнув одеялко Брента, Джанетт уверила его, что Господь позаботится об этой проблеме. На следующее утро, когда Брентон проснулся, он почти боялся посмотреть. Но бабушка сказала, что бородавки исчезнут. Вытянув руки из-под одеяла, он закричал: «Они исчезли! Они исчезли!» Несясь по коридору, он столкнулся со своей бабушкой. Они смеялись и обнимались, а Брентон позже сказал мне: «Мы так и не смогли найти ни одной из тех бородавок». Прошло два года, и его руки по прежнему оставались гладкими и без шрамов. Сегодня руки Брэнтона всё ещё выглядят прекрасно.

Знаешь, кажется я тоже слышала эту песню!

ЛОВЦЫ ЧЕЛОВЕКОВ

Молитва на сегодня

Дорогой Господь,

У меня так много дел сегодня, но, пожалуйста, помоги мне быть гостеприимной по отношению к незнакомцам, если они встретятся на моем пути. Помоги мне увидеть за слабостями людей то, что каждый из них особенный для Тебя. В каждом есть столько потенциала, Господь... таланты и способности, которые только и ждут, чтобы проявиться. Помоги мне увидеть то, что видишь в людях Ты, Господь.

Во имя Иисуса,

Аминь.

**Рис. 44 – Когда доходишь до конца...
Иисус там**

Глава девятая
СОХРАНЕННЫЕ ДЛЯ ЦАРСТВА

*«Ты... соткал меня во чреве матери моей...
И избавит меня Господь от всякого злого дела
и сохранит для Своего Небесного Царства.
Ему слава во веки веков. Аминь».
Пс. 138:13; 2 Тим. 4:18*

За закрытой дверью маленькая девочка сжалась от страха. Крики женщины за дверью пронзали ночной воздух. Прижимая руки к ушам, она пыталась понять, что происходит. Много раз ее мать приходила в этот дом. Всегда было одно и то же: запертые двери... крики... кровь.

Рис. 45 – «Помогите, мне страшно»

Спустя много лет она узнала, что только ей одной из всех детей ее матери удалось избежать скальпеля, которым делали аборты.

Когда ей было семь лет, её отправили жить к тёте Нисси и дяде Биллу. Не раз ей хотелось заглушить осуждающий голос тёти Нисси. Тётя, возмущённая тем, что ей приходится заботиться о племяннице, кричала:

ЛОВЦЫ ЧЕЛОВЕКОВ

«Ты разрушила мою жизнь, негодница. Ты станешь такой же распутной, как твоя мать-алкоголичка».

Жизнь порой делает странные повороты. Вместо того чтобы стать «отверженной», как её мать, Лу достигла вершин общества. Я бы назвала её «успешной, но потерянной». Порой такую «рыбу» труднее всего поймать!

Муж Лу был нашим семейным врачом. В нашем городе он пользовался хорошей репутацией, и его приёмная всегда была полна людей. У него был уникальный подход к пациентам — он умел заставить вас почувствовать, что именно вы, среди всех его пациентов, были особенными.

Я мало что знала о его жене, кроме того, что она всегда была занята общественной деятельностью, в том числе была помощницей у нашего конгрессмена. Если у вас была проблема, которую можно было решить политическим путём, вы звонили Лу, и она старалась помочь. Она тоже любила людей. Когда она узнала, что сын Джанетт, Дэвид, умирает от лейкемии, она одной из первых отправилась в больницу, чтобы поддержать семью. Подарив им книгу по самопомощи, она старалась утешить их в этой трудной ситуации.

Самопомощь. Это было ключевое слово в её жизни. Лу усердно искала помощи для себя. Мало кто в нашем городе знал, что жена врача, живущая в большом кирпичном доме с бассейном и теннисным

Рис. 46 – Нью Эйдж самосовершенствование

кортом, отчаянно искала ответ на вопрос о смысле жизни;

что-то, что могло бы заполнить пустоту, которая всегда была с ней.

Она прочитала множество книг по саморазвитию, но они лишь оставляли её разочарованной. Должно быть что-то большее. Она начала вместе с близкой подругой посещать гадалок и торологов в Атланте.

Желая запомнить каждое слово, произнесённое ей, она использовала диктофон для записи сеансов, но безуспешно. Хотя диктофон подруги всегда работал, когда она возвращалась домой и пыталась прослушать свои кассеты, они оказывались пустыми.

Она начала читать произведения Эдгара Кейси и других ясновидящих. Вскоре её коллекция книг стоила тысячи долларов, но ответа так и не было. Её муж, всегда готовый поддержать её, никогда не принижал её стремление найти ответ на вопросы жизни. Он знал, что это было ей нужно.

Когда её трое детей выросли и стали жить самостоятельно, большой кирпичный дом обеспечивал Лу тихое уединение. Долгие часы работы мужа оставляли Лу много времени для продолжения поисков смысла своей жизни. С какой целью она здесь? Для какой цели Бог сохранил её жизнь?

Прежде чем переехать в Кокран, Лу несколько раз близко столкнулась со смертью. Когда Лу жила в Коньере, Джорджия, она со своей семьей чудесным образом оказались вне дома, когда торнадо сорвал с него крышу. В другой раз она врезалась в движущийся поезд и чудом избежала серьёзных травм.

Теперь, спустя годы, все пути, которые она испытала, оказались тупиковыми. Может быть, ей нужно было открыть собственный бизнес. Возможно, таким образом она почувствовала бы себя удовлетворённой.

ЛОВЦЫ ЧЕЛОВЕКОВ

Стоило попробовать. Она провела много часов за работой, и хотя это было весело, это оказалось ещё одной бесплодной попыткой найти покой в своей душе.

На протяжении всех лет, пока Лу находилась в поиске, я время от времени виделась с ней. Я не стеснялась открыто выражать свои убеждения о Боге, и мы с ней не раз говорили о Господе.

Когда ты твёрдо веришь и знаешь, почему ты веришь, люди могут почувствовать себя несколько неуверенно. Я и не подозревала, что, когда я зайду в сэндвич-бар, принадлежащий Лу, она будет прятаться от меня.

Рис. 47 – Я хотел только сэндвич!

«Вот эта Джерри Так — шептала она своему сотруднику. — Скажи ей, что меня нет». Она пряталась, пока я не заканчивала есть, и потом возвращалась к обеденной стойке. «Эта женщина меня пугает», — говорила она.

Позже я весело посмеялась над этой историей, когда Лу рассказала мне об этом эпизоде. «Боже мой, Лу! — ответила я в шутливом возмущении. — Всё, что я хотела, это бутерброд! Я не собиралась тебя доставать!»

Однажды Лу позвонила мне. Плача, она умоляла меня прийти к ней через час. Но прежде чем час истек, она снова позвонила и сказала забыть об этом. Так продолжалось больше недели: отчаянные звонки от Лу, затем отмены. Наконец, в отчаянии, она позволила мне прийти к ней домой.

Когда она лежала в постели, восстанавливаясь после недавней операции на спине, она рассказала мне о тех испытаниях, которые она переживала. Помимо поиска истины, ей приходилось сталкиваться с проблемами в семье. Я помолилась с ней в тот день, и вскоре я начала замечать изменения в Лу. Она больше не избегала меня. Вместо литературы нью-эйдж она начала читать христианские книги.

В этот период моей жизни я активно участвовала в женском христианском служении Аглоу. Два раза в год они проводили ретриты, на которые могли приезжать за духовным обновлением женщины из разных деноминаций. Поскольку приближалось время нашего осеннего ретрита, я пригласила Лу посетить его. К моему удивлению, она согласилась. Я была в восторге! Тема ретрита была «Свадебное приглашение».

Трепеща от ожидания, Лу посещала каждое собрание. Она была уверена, что Бог вот-вот откроет ей Себя и Свою цель для её жизни. На протяжении всех недель и месяцев, что мы общались, Лу начала осознавать, что её духовная пустота может быть заполнена только Господом.

В последнюю ночь ретрита молодая женщина встала за кафедру и начала петь в Духе прекраснейшую песню. Пока она пела, Лу могла видеть только Иисуса, её Жениха, который призывал её к Себе.

Подобно Суламите в песне Соломона о любви, она долгое время искала своего Жениха, и наконец нашла Его. Поиски завершились. Для этого Бог хранил её жизнь с первых движений в утробе матери и до грохота приближающегося поезда.

ЛОВЦЫ ЧЕЛОВЕКОВ

Рис. 48 – «Я – Вода Жизни»

Когда мы покидали конференц-центр, Лу буквально светилась от счастья. «О, Джерри», — воскликнула она в восторге, — разве Иисус не драгоценен? Я не помню ничего о прошлой ночи, только знаю, что Он теперь здесь». Положив руку на сердце, она глубоко вздохнула: «Я знаю, что Он здесь. Он всегда будет здесь».

Я никогда не устану удивляться тому, как меняется человек, который принял Христа. Что касается сжигания книг, все книги Эдгара Кейси и других ясновидящих были уничтожены. Ее муж был в восторге от изменений, которые он увидел в Лу. Они стали близки, как никогда до этого.

Всего через год после того, как она приняла Христа, Господь взял ее дорогого мужа домой. Но Лу была в порядке. У нее был Иисус, и Он сказал, что никогда не оставит ее. На похоронах Господь приоткрыл завесу вечности для их глухой дочери Маргарет, и она увидела своего папу в видении. В тумане она увидела, как он поднимается по лестнице. Затем она «услышала» голос, говорящий: «Давай, Чарли. Поднимайся». Доктор вернулся домой.

Лу стала для меня одной из самых дорогих подруг. С тех пор как ее муж ушел из жизни прошло почти сорок лет. Больше не находясь в бесконечном поиске удовлетворения, Лу посвящает свое время благословению других людей. Через год после смерти мужа Лу их дочь Лорен родила девочку. В честь деда, Чарли Брукса, девочку назвали Чарли. Счастливая Лу проводила по многу часов, присматривая за Чарли в первые годы ее жизни. Сегодня Чарли, носящая имя доктора Брукса, является преданной христианкой, работает фармацевтом и счастлива в семейной жизни.

Много лет спустя их сын Уильям сообщил мне, что у его жены начались роды. Запрыгнув в машину, я помолилась: «Господь, пожалуйста, пусть с этим ребенком все будет хорошо». Жена Уильяма страдала от камней в почках. Ночь обещала быть долгой, и все время, что мы провели в ожидании, Лу и я вспоминали всю доброту Господа к нам и молились за малыша, который вот-вот появится на свет.

Рис. 49 – Чудотворный ребенок с шансом на жизнь

«Джерри! Ребенок родился!» — закричала Лу. Видимо, я задремала. Было 3:30 утра. Мы с Лу поспешили в родильную палату и услышали плач ребенка. Девочка. Мы начали обниматься и танцевать. Затем, внезапно, новоиспеченная бабушка упала на колени сложила руки на стуле и начала повторять снова и снова: «Спасибо, Иисус. Спасибо, Иисус. Спасибо, Иисус». Я была очень тронута этой сценой. Мои глаза наполнились слезами.

Эта маленькая девочка, подобно Лу много лет назад, находилась под защитой в утробе своей матери сохранена для Его Небесного Царства. Тем ранним утром, возвращаясь домой, я говорила с моим Небесным Отцом: «О, Господь, спасибо Тебе за то, что Ты сохранил жизнь Лу, когда она была в утробе своей матери. Спасибо за то, что Ты сохранил её во время торнадо и, самое главное, спасибо за то, что Ты спас её и позволил мне быть её подругой».

Дорогой читатель, эта история ещё не окончена. Есть много людей, подобных Лу и малышке Уильяма, которую назвали Сиера и которая сегодня живет в счастливом браке. Они тоже были сохранены. Они ждут, чтобы кто-то рассказал им об их предназначении. Они задаются вопросом, почему? Я слышу их голоса. А ты разве нет?

СОХРАНЕННЫЕ ДЛЯ ЦАРСТВА

Молитва на сегодня

Дорогой Господь,

Каждая жизнь — это чудо. Когда я думаю о множестве абортированных младенцев, моё сердце скорбит. О, Господь, возможно, человек, который повстречается мне сегодня, может быть похож на Лу. Кто-то, избежавший скальпеля врача; кто-то, кого Ты предопределил к вечной жизни. Пожалуйста, помоги мне быть чуткой сегодня, дорогой Господь. Дорогой Господь... особенно благослови тех, кто находится в эпицентре борьбы за жизни нерождённых детей.

Во имя Иисуса,
Аминь

Рис. 50 – Лу Брукс и внучка Сьерра

ЛОВЦЫ ЧЕЛОВЕКОВ

Глава десятая

НЕТЛЕННОЕ СЕМЯ

«Возрожденные не от тленного семени, но от нетленного, от слова Божия, живого и пребывающего вовек».

1 Пет. 1:23

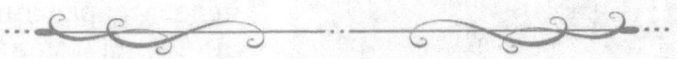

Она лежала дни напролет. Приглушённые голоса врачей и медсестёр в сочетании с приглушенным светом комнаты внушали страх в её сердце. Она не могла пошевелиться. Она может умереть от любого движения. Это называется аневризмой. Она не совсем понимала, что это значит. Все что она помнила — это острая боль, словно от ножа, которая пронзила голову, и вдруг всё погрузилось во тьму.

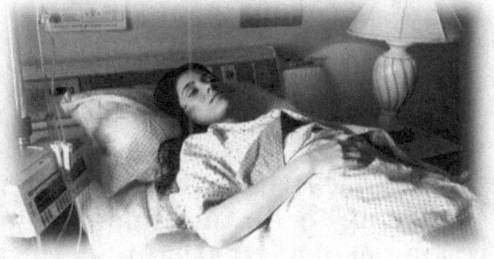

Рис. 51 – Между жизнью и смертью

Пока Пэм лежала там, балансируя на грани жизни и смерти, у нее было много времени для размышлений. Ее разум прокручивал последние 30 лет ее жизни, и картина была не из приятных. Последняя глава этой истории была написана в тот момент, когда она занималась проституцией. Мужчина, который был с ней, когда у нее словно взорвался мозг, был в ужасе. Он явно не рассчитывал на такое во время своей ночной забавы и точно не собирался ждать, чтобы узнать, что произойдет с Пэм.

ЛОВЦЫ ЧЕЛОВЕКОВ

Ее мама была рядом, держа ее за руку и молясь за нее. А на другом конце страны за Пэм молились бабушка в Калифорнии, тетя и дядя в Джорджии и многие другие. «Господи, пощади эту девочку. Помоги ей обратиться к Тебе, пока еще не слишком поздно».

Рис. 52 – Ее голова раскалывалась

Мы не виделись с Пэм более двадцати лет. Мне удавалось узнавать кое-что о ней через сарафанное радио. Она сменила нескольких мужей, у нее родилось двое детей, над которыми она в итоге потеряла опеку, и в целом она просто не могла найти свое место в жизни.

Моя мачеха Марджи, которую все с любовью называли «Нана», всегда звонила мне, чтобы я помолилась за кого-то из родственников, особенно за Пэм. «Джерри, если не произойдет чудо, Пэм умрет», — говорила она со слезами на глазах. Я плакала вместе с ней и заверяла ее, что мы будем молиться.

Наконец, кризис миновал. Нейрохирурги применили все свои знания и умения, чтобы удалить страшный тромб. Они установили металлическую пластину в голову Пэм и шунт для оттока лишней жидкости из черепной коробки, чтобы снизить давление на мозг, которое могло бы привести к смерти.

Три недели полной неподвижности и операция на мозге дали свои плоды. Пэм была в безопасности, но еще более важным, чем ее физическое восстановление, стало ее обращение ко Христу во время пребывания в долине смертной тени.

Спустя пять лет, на похоронах Наны, я увидела Пэм впервые с тех пор, как она была маленькой девочкой. Мы сразу же почувствовали притяжение друг к другу. Пэм была новым творением — в этом не было никаких сомнений. Однако годы взяли свое. Сейчас ей было за тридцать, она осталась без детей, не могла удержаться на работе из-за своих физических ограничений и была одинокой молодой женщиной.

Я узнала, что у неё есть парень в другом штате, где она жила. Всё вроде бы звучало хорошо, но что-то было не так и я не могла понять, что именно. Мы обнялись, поцеловались на прощание и пообещали поддерживать связь, когда разъедемся по домам. Я продолжала молиться за Пэм.

Рис. 53 – Длинное путешествие Пэм

Спустя несколько месяцев мне позвонила сестра. «Пэм осталась без денег в Техасе. Можешь ли ты приютить её?» Я ответила: «Конечно!» Мы никак не могли её отвергнуть. Когда мы встретили её на автовокзале в соседнем Хокинсвилле, недостающие кусочки пазла начали складываться.

«Прекрасный парень» оказался волком в овечьей шкуре. Воспользовавшись детским доверием Пэм, он уговорил её продать всю её мебель и личные вещи, оставив только одежду, а потом прибрал к рукам все её деньги. Он сказал ей, что они начнут новую жизнь вместе и поженятся, как только переедут к его сыну.

Пэм была безумно счастлива и верила ему. Она оплатила техобслуживание его машины, купила ему шины и заплатила за бензин и еду. Они добрались до Техаса, когда деньги кончились вместе с его любовью. «Мы расстаемся, — сказал он бессердечно. — Я никогда не собирался на тебе жениться».

В полнейшем разочаровании Пэм позвонила своей матери, спрашивая, что ей делать. У неё на счету оставалось три доллара, все её вещи умещались в двух чемоданах и двух коробках, а к этому добавилось ещё и разбитое сердце.

Зная, что Пэм перенесла выплату пособия по инвалидности на адрес в Олбани, Джорджия, моя сестра позвонила нам и спросила, может ли Пэм пожить у нас, пока не уладится её финансовое положение.

По дороге домой из Хокинсвилла, мы заверили Пэм, что любим ее и что для нас честь быть её семьёй и помогать ей в сложившейся ситуации. Она была измотана пятидневным путешествием через всю страну, и вместе с тем чувствовала облегчение, зная, что теперь она с людьми, которые о ней заботятся; она была счастлива находиться с семьёй, которая её не осуждает.

Со временем её трагическая история начала раскрываться. Многие годы она ощущала себя неполноценной... её считали глупым ребёнком, хотя все дело было в том, что она была полностью глуха на одно ухо, поэтому ей было трудно, а иногда и невозможно, понимать, что говорят учителя.

Во взрослом возрасте у неё сложился ряд неудачных отношений, и в конце концов она занялась проституцией. Это казалось лёгким способом заработать деньги. Она подавляла чувство вины, которое постоянно давало о себе знать.

«Я всегда думала о Библии, которую ты мне подарила, тётя Джерри. Ты поставила дату и написала, что я попросила Иисуса войти в моё сердце. Я отдавала себе отчёт, что так жить нельзя, но никак не могла остановиться».

Когда Пэм было семь, мы навещали Нану. Она и её старший брат Джефф с интересом слушали, как я рассказывала им об Иисусе. В тот день они оба склонили головы и помолились. Это был особенный день, и я подарила им по Библии, поставив дату, чтобы они никогда не забывали свою молитву к Иисусу.

Рис. 54 – Абсолютной безопасностью Пэм был Иисус

Иисус тоже никогда не забывал об этом. Его слово, нетленное семя, укоренилось в их сердцах. Он будет следовать за ними через множество испытаний, и когда они полностью отдадут себя Ему, Он с радостью примет их.

За три с половиной недели, пока Пэм жила у нас, Господь показал Свою безмерную сострадательность и любовь. Он не сердился на неё. Он не был разочарован в ней. Он был рядом всё это время. Ей предстояло осознать, что безопасность, которую она надеялась получить через отношения с мужчинами, можно получить только в отношениях с Ним.

Время с нами казалось ей духовным оазисом. Пэм сопровождала нас в путешествиях по тюрьмам, где мы с Чарли проповедовали слово Божие. Она упивалась каждым словом на церковных службах, на женских собраниях и других христианских мероприятиях, и мы видели, как она расцветала.

Мы повели ее на драму о страстях Христовых в Мейконе, и там Господь привлек ее Своей любовью. Она вышла вперёд и со слезами снова посвятила свою жизнь Христу. Бог верен. Верен даже тогда, когда мы не верны; даже когда мы обмануты врагом. Его слово нетленно. Оно обязательно принесёт в нас свои плоды. Оно проведёт нас через все испытания.

Наша дочь Линда собиралась отвезти Пэм в аэропорт, мы все обнимались и плакали. Пэм верила что все будет в порядке. У неё были любящие друзья-христиане, которые ждали её приезда. У неё была церковь, которая могла простить её за неразборчивость в решениях. И у неё было Слово Божье.

Благополучно добравшись до дома, Пэм позвонила, чтобы сообщить, что всё в порядке. Первое воскресенье в церкви было похоже на начало её христианской жизни с чистого листа. Приезжий евангелист выделил её среди толпы и произнёс слова воодушевления. Бог простил её за глупое решение. Он не был равнодушен к ней. Она была потрясена мыслью, что она особенная для Бога.

Пэм была особенной для нас тоже. Несмотря на множество проблем со здоровьем, Пэм продолжала свою христианскую жизнь, читала Библию и при любой возможности посещала церковь. В 2014 году Пэм, которой на тот момент было за пятьдесят, вошла в Небесные врата.

Когда я оказалась на её поминальной службе в Калифорнии, я была так благодарна за уверенность, что увижу Пэм снова. Больше не будет проблем со здоровьем, не будет необходимости оглядываться на жизненные испытания и неудачи, не будет слёз и печалей. Все грустные моменты, связанные с земной жизнью навсегда остались в прошлом.

Рис. 55 – Особые для Бога: Джеф и Келли

Даже смерть Пэм была особенной частью ее жизни. Её кузина Келли, присутствовавшая на службе, была так тронута тем, что она состоялась в годовщину смерти её собственной матери, что ощутила как сильно ей не хватает Бога в ее собственной жизни.

Когда в тот день мы вернулись в дом к моей сестре, мы с Келли зашли ко мне в спальню. Со слезами на глазах, она сказала: «Тётя Джерри, я знаю, что мне нужно изменить свою жизнь и мне нужно знать, что в моей жизни есть Бог».

Мы присели на край кровати, и я объяснила ей путь спасения. Затем мы обе встали на колени, и Небо обрело ещё одну душу. Со слезами на глазах, мы с Келли заключили друг друга в объятия, а когда вернулись в гостиную, она сообщила своей тётке Стар, маме Пэм, что только что приняла Христа своим Спасителем.

ЛОВЦЫ ЧЕЛОВЕКОВ

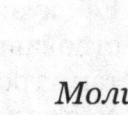

Молитва на сегодня

Дорогой Господь,

Даруй мне желание поддерживать упавших братьев и сестёр во Христе. И, Господь, своей поддержкой я постараюсь напоминать им, что каждый их них особенный для Тебя. Иногда люди забывают об этом, Господь. Пусть мой дом будет оазисом, где они смогут узнать, что Ты — Бог, который заботится о тех, кто заблудился.

Во имя Иисуса,

Аминь

Глава одиннадцатая
МЫ ВЗЫВАЕМ «АВВА, ОТЧЕ»

«Потому что вы не приняли духа рабства, чтобы опять жить в страхе, но приняли Духа усыновления, Которым взываем: «Авва, Отче».
Рим. 8:15

Наши девочки были так взволнованы. Дотти и Вирджиния, которые учились на первом курсе колледжа, узнали, что компания Кока-кола пожертвовала щедрую сумму денег на помощь одарённым, но финансово нуждающимся школьникам.

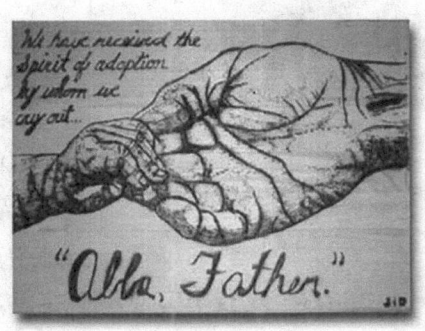

Рис. 56 – Авва, Отче

Колледж выберет трех наставников для работы с двенадцатью девятиклассниками из нашей местной школы. Если бы наших девочек выбрали для участия в этой программе, они бы не только занимались репетиторством, но и возили этих детей на различные мероприятия и в разные места для их культурного развития.

Наконец-то пришли новости. Наши две девочки были приняты, и веселье вот-вот начнётся! Конечно, был один нюанс. Им нужна моя кредитная карта. Они собирались водить этих детей в шикарные рестораны, посещать

ЛОВЦЫ ЧЕЛОВЕКОВ

семинары по саморазвитию, а также устраивать культурные мероприятия, например, поездку в «Сикс Флэгс» в Атланте! Я не против? Кто, я? Они уверяли меня, что расходы по моей карте будут возмещены.

Можете представить, во сколько обходится обед на двенадцать детей, трёх наставников и одного сопровождающего в шикарном ресторане? Поверьте, я нервничала, узнав, что эти дети заказывают эскарго, оплачивая его моей картой Американ Экспресс. Но каким-то образом мне всегда возмещали расходы, и заодно я познакомилась с некоторыми замечательными детьми из этой группы.

Рис. 57 – Ларри вошел в нашу жизнь

Будучи наставниками этих детей, наши девочки решили организовать библейский кружок для молодёжи. Они начали проводить его по субботам у нас дома, и вскоре все их ученики начали приходить... более того, девочки получали почасовую оплату, пока дети слушали Слово Божье. Я сказала девочкам, что это напомнило мне мать Моисея, которая получала деньги за то, что выкармливала собственного ребёнка!

Для некоторых из этих детей это было впервые. Посещение дорогого ресторана — одно, а услышать об Иисусе Христе — совсем другое. Среди этих двенадцати был один ученик, который действительно тронул наши сердца. Это был очень скромный молодой темнокожий парень. Когда другие дети по тем или иным причинам перестали приходить, мы заметили, что Ларри продолжал звонить девочкам и просить, чтобы они заехали за ним и отвезли к нам домой. Его крайне интересовало все, что связано с Господом.

Мы начали осознавать, что Ларри не только умён, но и невероятно талантлив. Он приходил к нам с блокнотом для рисования, и мы удивлялись его художественным способностям. Неделя за неделей девочки наблюдали за Ларри и пришли к выводу, что он нетрадиционной ориентации. Мы не хотели углубляться в детали, но Ларри стал приоритетом в наших молитвах.

Однажды вечером мы принимали у себя в доме гостя, который избавился от такого же образа жизни. Его свидетельство сильно повлияло на Ларри. Вскоре после одного собрания он остался, чтобы отдать своё сердце Господу. Спустя несколько месяцев Ларри принял крещение и стал членом нашей церкви. Мы так гордились им. Но дьявол так просто не сдаётся, и старая компания Ларри не оставляла попыток вернуть его к прежним привычкам.

Рис. 58 – Ларри боролся

Прошло несколько лет, а Ларри все еще было трудно. Наша семья пыталась понять в чем кроется притягательность такого образа жизни, но это было трудно. Мы просто знали, что любим Ларри, и доверяли Богу, чтобы Он даровал ему победу в его жизни.

Что заставляет молодых людей начать вести такой странный образ жизни? Они такими рождаются? Или их окружение способствует этому? И что более важно, как мы, христиане, воспринимаем таких людей? Каково наше отношение к ним? Мы просто отворачиваемся и делаем вид, что не нам решать эту проблему? В чем заключается наша ответственность перед ближним? Какова была наша ответственность перед Ларри?

Рис. 59 – Мы – сторожа нашего брата

Две вещи толкнули Ларри к такому пути: отвержение и сексуальное насилие. Он был плодом грубого сексуального насилия, и с самого раннего возраста Ларри остро чувствовал себя отверженным. Его маме было всего четырнадцать, когда она забеременела. Он никогда не знал своего биологического отца.

В возрасте тринадцати лет его изнасиловал двоюродный брат. Каким-то образом он убедил Ларри, что любит его. В тот период своей жизни Ларри не испытывал вины. Он просто чувствовал себя любимым, и это было тем, в чем он отчаянно нуждался.

Затем его выбрали для участия в программе от Кока-колы, и с приходом Слова Божьего в его сердце, подавленная вина начала всплывать на поверхность. «Когда я пришёл на изучение Библии, я начал осознавать, что мой образ жизни был полностью неправильным, — сказал Ларри. — До этого я думал, что всё в порядке, но, каким-то образом, просто слушая Библию, я стал иначе смотреть на вещи».

Слово Божье может изменить наши жизни. Ларри уже никогда не был прежним. И хотя он обрёл спасение, он всё ещё поддавался искушению, но Дух Божий по-прежнему продолжал действовать в его сердце. Тот, кто начал доброе дело в Ларри, завершит его.

Ближе к концу школы Ларри принял важное решение, которое навсегда изменило его жизнь. Он решил пойти во флот после окончания школы и начать всё с чистого листа. Всё ещё чувствуя себя духовно слабым, он набрал наш номер и позвонил нам.

Ларри сказал мне, что сменил номер телефона, ни с кем не общается и целыми днями сидит в своей квартире. Он боялся, что снова скатится к прежнему образу жизни, и понимал, что ему нужна помощь. Через шесть месяцев ему предстояли сборы, и он не был уверен, что сможет остаться христианином.

В то время я готовилась к поездке в Израиль. Используя свою поездку в качестве примера, я сказала Ларри, что ему нужно подготовиться духовно к тому, что ждёт его впереди, так же как я готовлюсь физически. Он принял мой совет и начал действовать.

Он ездил с нами в церковь утром и вечером по воскресеньям, в среду вечером, а вечером во вторник приходил к нам домой для личного изучения Библии. Мы видели, как он рос духовно. Это было потрясающе. Однажды вечером, по дороге домой из церкви, он сказал: «Знаете что, мисс Джерри? Я вас обгоню!»

Засмеявшись, я ответила: «Я верю, что так и будет, Ларри. Так и будет!»

Накануне вечером, перед тем как за ним приехал вербовщик, мы с Ларри сидели в моей машине и вместе молились в последний раз. Когда тем вечером я вверяла его Господу, мои глаза обжигали слёзы. «Мисс Джерри, —

ЛОВЦЫ ЧЕЛОВЕКОВ

сказал он с тихой решимостью, — теперь я достаточно силён. Я справлюсь». И он справился.

В учебном лагере Ларри начинал каждый свой день с личного изучения Библии и молитвы. Вскоре разнеслись слухи: Ларри — один из тех христиан! Вскоре несколько заинтересованных новобранцев стали встречаться с ним каждый вечер, чтобы помолиться.

Рис. 60 – Настоящим папой Ларри был Авва, Отец

Он начал петь в хоре в часовне, которая располагалась на базе. Заметив, что хору не хватает духовного посвящения и рвения, он предложил собирать молитвенные просьбы и делиться свидетельствами. Идея прижилась, и вскоре вся атмосфера в хоре зарядилась духовной жизнью.

Закончив обучение в учебном лагере, Ларри начал учиться на санитара в медицинском корпусе. Он был пятым в своём классе и получил возможность выбрать своё первое назначение. Он выбрал Корпус-Кристи, Техас. В долгосрочной перспективе он планировал работать в медицинской сфере как подготовленный профессионал.

Во время своих первых рождественских каникул Ларри сопровождал меня в расположенную неподалёку мужскую тюрьму, где он поделился своим свидетельством со 150 заключёнными. Он смог донести до них, что в Божьем творении не бывает ошибок. Бог в Своём всевластии предопределил появление Ларри на свет, чтобы он мог изменить мир к лучшему. Он рассказал им, что им не обязательно оставаться в греховном образе жизни, что никто не «рождается» таким, и что Иисус Христос может освободить и возвысить их. Ларри сказал им, что, несмотря на пережитое отвержение, теперь он знает, что принят!

В заключительных словах к заключённым Ларри с уверенностью заявил: «Знаете, я никогда не знал своего настоящего отца, но теперь я знаю НАСТОЯЩЕГО Отца!» Заключённые встали и разразились аплодисментами. Его мать-блондинка сидела на последнем ряду, и я могу сказать, что слёзы текли по моим щекам. Я была так горда «своим сыном».

Эта глава ещё не закончена. Сегодня, в Техасе, есть молодой военный санитар, который меняет мир к лучшему, куда бы он ни пошёл. Вы узнаете его по широкой улыбке на его лице. Теперь он кто-то; кто-то, кто больше не находится в рабстве; кто-то, кто был усыновлён в Божью семью; кто-то, кто знает, кто его Отец, и может звать Его Папой!

ЛОВЦЫ ЧЕЛОВЕКОВ

Молитва на сегодня

Дорогой Господь,

В мире так много Ларри, детей, которых подвергают сексуальному насилию и с которыми плохо обращаются. Когда я вижу молодых людей, которые бродят по улицам, помоги мне увидеть их сердечные раны, Господь. Помоги мне помнить, что Ты и только Ты можешь изменить их жизнь.

Во имя Иисуса,

Аминь

«Помилуй меня, Господи, ибо к Тебе взываю каждый день. Возвесели душу раба Твоего, ибо к Тебе, Господи, возношу душу мою, ибо Ты, Господи, благ и милосерд и многомилостив ко всем, призывающим Тебя. Услышь, Господи, молитву мою и внемли гласу моления моего. В день скорби моей взываю к Тебе, потому что Ты услышишь меня».

– Пс. 85:3-7

Глава двенадцатая
КРЫЛЬЯ ЗАРИ

*«Возьму ли крылья зари
и переселюсь на край моря,
И там рука Твоя поведет меня,
и удержит меня десница Твоя».
Пс. 139:9-10*

Лицо Стивена Спилберга на обложке журнала Ньюзвик привлекло мое внимание, пока я стояла на кассе, ожидая, когда продавец закончит пробивать мои покупки. Я пролистала страницы журнала. Список Шиндлера!

Фотографии показывали изможденные лица жертв Холокоста времен Второй мировой войны. Еврейские дети, цепляющиеся за своих матерей, в то время как солдаты СС Гитлера хладнокровно разлучали их друг с другом.

Рис. 61 – Список Шиндлера

Меня всегда глубоко трогала беспомощная участь евреев, особенно тех, кто оказался в ловушке дьявольских погромов, проводимых против них в Европе.

Став христианкой, я узнала, что этот народ является особенным в глазах Бога. На самом деле, евреи называются «зеницей Его ока». Избранный народ, выбранный

ЛОВЦЫ ЧЕЛОВЕКОВ

для того, чтобы привести в мир Мессию — Йешуа Ха-Машиаха.

Хотя у меня никогда не возникало желания ехать в Израиль, я много раз молилась о мире для Иерусалима. Теперь, с выходом нового фильма Спилберга, я обнаружила, что читаю всё, что только могу найти, о Холокосте.

Рис. 62 – Гизела Манн – в Израиль!

Я даже заикнулась Чарли, что, возможно, хотела бы побывать в Израиле. Он удивился, ведь мы оба договорились что, скорее всего, никогда не поедем в эту страну, особенно после просмотра вечерних новостей. Казалось, что на святой земле ежедневно гремят взрывы и выстрелы. Не совсем то место, которое обычно посещают мамы и бабушки, верно?

Однажды вечером я уютно устроилась с книгой о христианке-еврейке, пережившей Освенцим. В это время раздался телефоный звонок. Соседка радостно сказала: «Джерри, это Сьюзан. Ты случайно не знаешь Гизелу Манн?»

Я удивлённо ответила: «Конечно, я как раз сегодня думала о ней».

Смеясь, Сьюзан сказала: «Ну, она у меня дома. Приходи». С чашкой кофе в руке и в тапочках на ногах я запрыгнула в машину и поехала к Сьюзан.

Когда я ехала, я думала о Гизеле. У меня не было вестей от нее уже два года. Нас с ней объединяло несколько необычных жизненных обстоятельств. Гизела, еврейка, родившаяся в Германии, пережила Холокост в детстве, а потом, повзрослев, стала алкоголичкой и вступила в мотоциклетную банду немецких «Ангелов Ада». Когда она переехала в Америку с мужем-военнослужащим, Господь протянул ей руку и спас её. Гизела называла себя «завершённой еврейкой».

Когда Сьюзан открыла дверь, Гизела, с её ростом полтора метра, вспорхнула с дивана, стиснула меня в медвежьих объятиях и воскликнула: «Джерри, я еду в Израиль на три недели. Хочешь поехать со мной?»

Следующие несколько месяцев у меня в голове крутилась карусель. Мы собирались отправиться небольшой группой из девяти человек, чтобы помочь восстанавливать Израиль вместе с одной волонтерской организацией! Рекламное видео демонстрировало все, с чем нам предстояло там столкнуться.

Нам предстояло работать соавместно с Израильскими силами обороны (ЦАХАЛ), скорее всего на Голанских высотах. Единственное отличие между нашими формами и формами ЦАХАЛ заключалось в небольшой синей нашивке на плече нашей униформы, там на иврите было написано, что мы — волонтёры. (Не самая удачная защита в случае вражеского огня.)

Нам нужно было подписать бумагу, которая запрещала заниматься прозелитизмом, иначе нам грозила депортация! Нам будет непросто молчать о своей вере в Христа, но наше желание помочь Израилю таким практическим образом пересилило это кажущееся препятствие. Кроме того, мы просто позволим Иисусу сиять через нас.

Проще сказать, чем сделать!

Проведя 44 бессонных часа, добираясь самолётом и автобусом, мы прибыли в гористый район Северного

ЛОВЦЫ ЧЕЛОВЕКОВ

Израиля. Так вот они какие Голанские высоты, о которых рассказывали на CNN.

Рис. 63 – Джерри с израильскими солдатами

Всего в нашей команде было десять женщин: четыре еврейки и шесть язычниц. Четыре женщины, которые приехали из США с Гизелой, жили в одной комнате. Мы спали на железных койках с тонкими матрасами и укрывались армейскими одеялами. С одним туалетом и одним душем на всех. Мужчины разместились в отдельных общежитиях.

В самое первое утро, выбравшись из своей койки, я почувствовала все свои пятьдесят четыре года. Что я тут делаю? Пока мы поправляли ремни, завязывали армейские ботинки и прикрепляли фляги, мы посмеивались друг над другом. Видели бы нас сейчас наши родные и друзья!

Автобус доставил нас к месту назначения, расположенному дальше на севере, это был склад снабжения. Там нам предстояло связать арматуру с бетонными заградительными плитами. Плиты были треугольными, идеальными для того, чтобы израильские солдаты могли прятаться за ними во время обстрелов.

Каждый день мы слышали автоматные очереди и взрывы снарядов на соседнем полигоне, это стало совершенно новым опытом для большинства из нас. Удивительно, как быстро мы привыкли к этому грохоту. Такой была жизнь в современном Израиле.

Работая бок о бок с американскими евреями, я научилась ценить их преданность сохранению еврейского общества. Каждый член команды был здесь в качестве добровольца, тратя свои деньги и время, чтобы поддержать эту крошечную нацию, которая с 1948 года борется за статус суверенного государства. В одной из наших вечерних лекций представителя армии Израиля мы узнали, что наша волонтерская организация помогала Израилю экономить пять миллионов долларов в год.

Рис. 64 – «Мужчины стекались к ней!»

Со временем мы стали остро осознавать, что люди есть люди, независимо от их происхождения. Ребекка была тому живым доказательством. Холостая девушка из Сан-Диего. Мне думается, что у Ребекки были не самые благородные намерения, когда она отравилась сюда в качестве волонтера. Ее ярко-рыжие волосы, пышные формы и сексуальная аура заставляли мужчин всех возрастов увиваться за ней повсюду.

ЛОВЦЫ ЧЕЛОВЕКОВ

Рис. 65 – Джерри перед израильским танком

Мы развлекались тем, что гадали, сколько времени ей понадобится на то, чтобы охмурить свободных мужчин, с которыми мы пересекались во время наших экскурсий по деревням или кибуцам. У нее действительно был особый подход к мужчинам, и это стало создавать проблемы в команде. В какой-то момент, расстроенная тем, что она не смогла вернуться в город ночью, она пожаловалась командиру базы и уехала, оставив нашу мадричу (руководителя группы) в слезах.

Почувствовав, что Ребекка действительно нуждается в духовной поддержке, мы начали искренне молиться за нее. Казалось, что сатана был предупрежден. Ребекка начала проявлять враждебность, досаждая нам по мелочам.

Лиор, одна из наших мадричей, сообщила нам, что Ребекка пожаловалась, что мы пытаемся обратить евреек. Мы объединились, чтобы проявлять к ней больше любви и продолжали обращаться к Богу с молитвами за нее. Вот наш шанс явить свет!

Рис. 66 – Улица Бен Йегуда в Иерусалиме

Наше трёхнедельное приключение подошло к концу, и мы сели в автобус, направлявшийся в Иерусалим и в Яд ва-Шем, музей Холокоста. В автобусе, вмещающем шестьдесят человек, нас было шестнадцать, поэтому места было более чем достаточно. Я помолилась: «О, Господь, пусть Ребекка сядет рядом со мной. Позволь мне поделиться с ней твоей любовью перед тем, как мы покинем Израиль». Я знала, что, вероятно, мы больше никогда не увидимся после этой последней остановки в Иерусалиме. Глядя, как она идёт по проходу автобуса, я задержала дыхание. «Можно сесть рядом с тобой?» — спросила она.

Я тихо прошептала: «Благодарю тебе, Господь».

Следующие несколько часов пролетели, пока я делилась с ней чудесами Слова Божьего. Она впитывала каждое слово. Пока мы ехали, Ребекка начала делиться со мной своей душераздирающей историей.

Поездка с группой добровольцев стала для Ребекки последней надеждой. Её жизнь была охвачена хаосом. Восстанавливаясь после недавнего аборта, она отчаянно искала Бога, посещая каждую синагогу и церковь в поисках ответов. Но не находила их. Ей казалось, что Бог оставил её.

Автобус высадил нас недалеко от улицы Бен-Йехуда в Иерусалиме, и мы направились к своим гостиницам. Идти было невероятно трудно, во-первых, из-за сорокоградусной жары, а, во-вторых, из-за тяжелого багажа. Я обернулась,

Рис. 67 – Ребекка встречается со своим Мессией

чтобы посмотреть, где Ребекка. Она стояла на тротуаре в пятнадцати метрах позади нас, и разговаривала с Гизелой. Не было сомнений, Гизела делится с Ребеккой реальностью её Мессии. Теперь жара перестала меня беспокоить. Я искренне молилась, продолжая идти вперед.

Когда Гизела и Ребекка присоединились к нам, Ребекка спросила: «Можно я останусь на ночь с вами?»

Теперь, когда наша волонтерская миссия официально завершилась, у нас не было никаких оснований отказывать Ребекке ночевать в комнате, полной христиан. Мы были очень рады: «Конечно, можно».

Позже, около двух часов ночи, одна одинокая, несчастная еврейка нашла своего Мессию. Когда Гизела поделилась своей личной историей о том, как она осознала что Йешуа и есть ее «Обещанный», сердце Ребекки откликнулось громким «Аминь!»

Позже, в тесной комнате нашего хостела, Ребекка склонила голову. Мы стали молиться вместе с ней, отождествляя себя с этой дочерью Израиля. Со смиренным сердцем мы просили Бога о помощи, и о том, чтобы Он направлял ее по жизни. Мы только начинали осознавать, как далеко готов пойти Бог, чтобы привести заблудшего грешника к Себе. Он действительно удивительный Бог!

Молитва на сегодня

Дорогой Господь,

Спасибо, что показываешь мне множество способов, как сильно Ты заботишься об этом потерянном мире. Помоги мне понять, что нет такого расстояния, которое было бы слишком далеким, и такой жертвы, которая была бы слишком великой, когда речь идет о том, чтобы привести заблудших к Тебе.

Во имя Иисуса,

Аминь

Рис. 68 – Джерри/Гизела с волонтерами Сар-Эль

Рис. 69 – Сар-Эль – волонтеры для Израиля

Глава тринадцатая

ОТВОРЕННАЯ ДВЕРЬ

*«Знаю твои дела: вот, Я отворил перед тобой дверь,
и никто не может затворить ее;
ты не много имеешь силы, и сохранил слово Мое,
и не отрекся от имени Моего».*
Откр. 3:8

Зимой 1974 года мы переехали в Джорджию. Пока мы находились в процессе покупки старого просторного дома с большим количеством места для нашей большой семьи и достаточно большим количеством протечек в потолке, чтобы завести домашний сад, мы с оптимизмом разместились в трейлере, ожидая дня, когда наконец сможем въехать в дом. Не нужно нас убеждать, что это место требует ремонта. Мы прекрасно осознавали все его недостатки, но, несмотря на это, были в восторге от того потенциала, которым обладал этот старый дом. Дом был построен в 1885 году, и мы были уверены, что Бог использует его как место для служения.

Рис. 70 – Открытая дверь – Дэвид Кото

Каждое утро я отвозила старших детей в школу, а затем вела на прогулку вокруг колледжа двух младших, еще слишком маленьких для школы. Так продолжадось до самой весны. Стало достаточно тепло, чтобы малыши могли побегать вокруг школьного пруда, смеясь над утками, которые гонялись за ними в надежде получить кусочки хлеба.

Пока мы приспосабливались к новой жизни в качестве простых южан, каждый раз когда я смотрела на здания студгородка, в моей душе ощущалось беспокойство. Это была школа, которая гордилась своими традициями. «Старейший колледж в стране», — сказал мне почтальон.

Проезжая мимо здания с крытым бассейном, я не могла не заметить маленькое каркасное здание прямо через дорогу — Эбенезер Холл. Его сохранили, потому что это было первым зданием студгородка, серое обшитое досками, теперь оно выглядело

Рис. 71 – Он все еще делится евангелием

неуместным среди крупных кирпичных сооружений, построенных позже. Я знала из Библии, что Эбенезер означает «камень моей помощи» или «Господь — мой помощник». Было очевидно, что колледж в Средней Джорджии имеет христианские корни. Могло ли это быть пророчеством о том, что Господь хотел сделать с этими студентами в 1974 году? Сколько из них знало, что Господь — их помощник?

Двух и трехэтажные здания теперь были учебными аудиториями и общежитиями, вмещая почти 2000 студентов. Кто все эти ребята? Откуда они приехали? Знали ли они Иисуса?

Мои вопросы и забота о студентах возрастали с

каждым днем. Пока мои девочки играли у пруда, студенты махали им рукой, а некоторые подходили посмотреть, как они кормят уток. Я продолжала молчаливо молиться за них: «Господи, пожалуйста, помоги мне донести Твое слово до этих студентов колледжа».

Однажды Линда, наша тринадцатилетняя дочь, прилетела на велосипеде, пронеслась по ступенькам и с восторгом ворвалась в нашу гостиную. «Мам, — сказала она, запыхавшись, — какой-то студент раздает листовки в школе!»

«Ты шутишь, — сказала я. — А тебе он дал одну?» Все наши дети знали, что мама молится за студентов колледжа в Средней Джорджии.

«Так точно, мэм», — ответила она и достала из кармана джинсов небольшую карточку размером с визитку, которая на первый взгляд выглядела как кредитная карта. Перевернув её, я увидела на обратной стороне план спасения.

«Просто восхитительно, Линда, — ответила я с энтузиазмом. — Тот молодой человек все ещё в школе?»

«Никак нет, мэм, но он сказал, что еще вернётся. Он сказал, что учится в колледже Средней Джорджии».

Рис. 72 – Изучение Библии в Среднем колледже Джорджии

«Если он придёт снова, немедленно возвращайся домой и дай мне знать», — велела я.

Вздохнув, я помолилась: «Господь, может быть, этот

молодой человек и есть ключ к студентам. Пожалуйста, приведи его опять, если мне суждено встретиться с ним».

Через неделю Линда влетела в дом: «Мам, он вернулся!» Я запрыгнула в свой фургон в чем была и поехала в школу, на мне был фланелевый халат и большие пластиковые бигуди. Тем ранним субботним утром, я подъехала к школьному двору и увидела тёмноволосого парня, окружённого толпой детей.

Рис. 73 – Движение Иисуса в центральной Джорджии

Чтобы он не увидел, что я неподобающе одета, я не стала выходить из машины, а просто опустила стекло и представилась. Видимо, мой энтузиазм по поводу Христа уравновесил его удивление от того, как странно я выгляжу с большими бигудями в волосах. Эта встреча, предопределённая Богом, положила начало многолетнему изучению Библии в нашем доме для студентов этого колледжа. Тот молодой человек, Дэвид Кото, был американцем японского происхождения из Стоун-Маунтин, Джорджия.

Он и его сосед-христианин Джордж искренне молились о том, чтобы Бог помог им найти дом для изучения Библии.

Для детей Така эти годы были наполнены радостью и весельем. Каждый вечер по понедельникам дом гудел от пения студентов колледжа, пока Дэвид играл на гитаре. В то время у наших детей появилось много друзей, а так же они увидели собственными глазами, что быть христианином не только весело, но также дает вечную награду.

В семидесятые годы студенты колледжа были представлены во всем своем разнообразии по форме, размеру, цвету и стилю. И парни, и девушки носили длинные волосы, ходили на собрания босиком, гордо демонстрировали рваную одежду и, казалось, были полны желания узнать о Господе. Скоро они начали приводить своих неверующих друзей, чтобы те услышали о Христе, и в результате нам посчастливилось наблюдать действие Святого Духа в жизни многих студентов.

Ванда была афроамериканкой. Будучи дочерью проповедника, она стала очень циничной. Она повидала столько лицемерия, что не хотела иметь ничего общего с христианами. Она заметила, *что* девочки, которые приходили к нам в дом для изучения Библии, отличались от тех христиан, которых она знала. Любопытство одержало верх, и однажды вечером в понедельник она тихо и незаметно появилась в нашей гостиной.

Рис. 74 – «Я только что пригласила Иисуса в свое сердце!»

В ту ночь Дэвид просто сиял от радости, когда пел и свидетельствовал о Господе. В конце встречи одна из молодых студенток отдала своё сердце Христу. Комната была наполнена радостью и волнением. Позже, когда дети пошли в столовую за угощениями, Ванда подошла ко мне и с вызовом спросила: «Почему все так счастливы?»

«Ванда, они просто рады за Джулию, которая приняла Христа. Они знают, что теперь она не пойдёт в ад и что она теперь в семье Божьей. Это очень радостостное событие».

Внезапно развернувшись, Ванда в гневе выбежала из дома. Одна из девушек, пригласивших её, была смущена и извинилась за поведение Ванды. Я быстро сказала ей не волноваться по этому поводу. Пытаясь поддержать эту юную «рыбачку», я сказала, что мы будем продолжать молиться за Ванду и окружим ее любовью. Было очевидно, что Господь работал над дочерью проповедника.

Спустя пару дней, вечером, я пошла в общежитие девочек, чтобы навестить Ванду. Она была несколько удивлена, но все же явно обрадовалась, что я пришла повидаться с ней. Ванда начала рассказывать мне о людях, которые ее разочаровали. Она недвусмысленно дала мне понять, что, по ее мнению, почти все христиане просто играют в игры, и она не хочет в этом участвовать.

Выходя из её комнаты тем вечером, я обняла её: «Ванда, тебе лучше прекратить бороться с Богом. Он любит тебя, и в конце концов Он победит».

Моему восторгу не было предела, когда я увидела Ванду с девочками на следующем же собрании в понедельник вечером. Когда началось изучение Библии, я заметила по выражению её лица, что Ванда слушает всем сердцем. Господь работал.

Перед собранием одна из ее подруг сказала мне, что Ванда учится на факультете коммуникаций. Как раз в тот период моей карьеры я была диджеем на местной христианской радиостанции. (Ну разве это не похоже на Бога?) «Ванда, есть предложение сходить со мной на радиостанцию и посмотреть, как я делаю рекламные ролики. Если хочешь, можем сделать это как только съедим угощения».

Она с радостью приняла приглашение!

Рис. 75 – Охватывая мир из Кокрана, Джорджия

Нацепив наушники и поставив микрофон перед собой, Ванда с огромным удовольствием записала вместе со мной рекламный ролик. Позже, сидя на ступеньках у входа небольшой радиостанции, мы смотрели на звезды, и в тишине вечера я снова рассказала ей о любви Иисуса.

Тем вечером, подвезя Ванду до колледжа, я была на седьмом небе от счастья. Я знала, что она была недалека от Царства. Мне не пришлось долго ждать. Около полуночи зазвонил телефон: «Миссис Так? Это я, Ванда. Я просто хотела, чтобы вы знали, что я пригласила Иисуса в своё сердце этой ночью».

С той ночи Ванда стала частью семьи... наряду со Стивом, Соломоном, Бутчем, Кэмми, Сьюзан, Джоди и многими другими. Вместе мы посещали церковь, резали свинью, наслаждались поездками на телеге и барбекю, а также работали над ремонтом одной из наших спален. Пока парни прибивали панели, девочки вместе с нашими детьми писали послания для потомков на стенах, которые затем обшивались. Сообщения гласили: «Иисус любит тебя», «Господь грядет», «Покайся и будешь спасен».

Потом начали приезжать иностранные студенты.

ЛОВЦЫ ЧЕЛОВЕКОВ

Несколько сотрудников администрации колледжа узнали, что в доме Таков есть открытая дверь любви. Мы начали получать звонки с просьбой приютить студентов во время перерывов между семестрами и в другие неучебные дни; детей, которым негде было остановиться.

Они были из Зимбабве, Германии, Ирана, Ирака, Колумбии, Китая, Японии и Кувейта. Наши дети узнали, что значит оказывать гостеприимство ангелам, не подозревая об этом. Поскольку большинство останавливавшихся у нас студентов были парнями, нашему сыну Джеффу пришлось оказывать больше всего «гостеприимства», деля с ними свою маленькую спальню. За эти годы он действительно усвоил принцип самоотречения. Иногда было трудно отказаться от своего личного пространства, особенно когда ребята своими разговорами не давали ему спать всю ночь. Но мы занимались семейным служением, и он и его сестры делали это с радостью. Я верю, что когда наши дети попадут на небеса, они получат неожиданную награду за свою готовность делиться.

Я никогда не забуду иранского студента по имени Амир. Он был одним из временных соседей Джеффа, который, казалось, перепутал дни и ночи. Поскольку он жил у нас во время иранского кризиса с заложниками, я думаю, что тревога из-за этой ситуации во многом послужила причиной его бессонницы.

Когда он приехал, я быстро объяснила, где находится холодильник и ванная комната, и что наш дом — это его дом. Когда я поспешила к выходу, чтобы успеть на встречу по сделке с недвижимостью, я услышала: «Подождите! — сильный акцент Амира не мог скрыть страх в его голосе. — Разве вы не запрете дом?»

И тогда я поняла. Амир действительно боялся. Наша страна и Иран находились в конфликте, и он был полон тревоги. «О нет, — заверила я его. — Здесь тебе никто не причинит вреда. Мы любим тебя. Наши люди не сделают тебе ничего плохого».

Несмотря на наши постоянные заверения, Амир не мог избавиться от чувства тревоги и не спал всю ночь и отсыпался днем. Он не мог справиться с волнением, даже когда мы взяли его с собой на рождественские колядки с группой христианских военнослужащих в гражданской одежде. Когда он понял, что они военные, он был в ужасе, что они узнают о том, что он из Ирана. «Они любят Иисуса, Амир, — сказала я, пытаясь его подбодрить. — Они никогда не причинят тебе вреда». Затем, заметив панику у него на лице, я в шутку предложила ему говорить, что он из Мексики, если кто-то будет спрашивать, откуда он. Это предложение его, похоже, расслабило, и мы продолжили колядовать!

Другим студентом из Ирана был Джафар. Любовь Иисуса смогла преодолеть его исламскую предвзятость, и однажды вечером нам выпала честь стоять вместе с ним на коленях рядом с нашим диваном, пока он просил Иисуса стать его Спасителем. В настоящее время Джафар работает инженером-электриком в Нью-Мексико. Он женат и гордится тремя прекрасными детьми.

Рис. 76 – Джаффар: «я встретил настоящих христиан здесь»

В последний раз, когда мы виделись он с улыбкой признался мне: «Джерри, я думал, что все в Америке — христиане. Поскольку студенты в колледже пили алкоголь, я думал, что все христиане пьют. Я не знал, что такое настоящие христиане, пока не встретил вас с Чарли. Вы изменили мою жизнь. Я всегда буду вам очень благодарен».

Джафар, это я благодарна за ту открытую дверь в нашем колледже. Благодарна за тех молодых христиан, которые не были равнодушными к своим сверстникам. Благодарна Ма Джордж, вашему коменданту общежития, которая побуждала молодых мусульман, находящихся под её присмотром, «сходите в гости к семье Таков».

После окончания кризиса с заложниками иранские студенты больше не могут учиться в нашем колледже в Кокране. Узнал ли Иран об Иисусе благодаря Джафару и Амиру, которые пришли к нам домой? Я надеюсь, что да.

Послушайте, мои соратники по рыбной ловле, Кокран может быть маленьким городком в США, но для Бога не существует маленьких мест. Вы можете находиться в уединённом городке в Небраске или Вайоминге, но если Бог открывает для вас дверь, мой совет — идите через неё. Ваше место для рыбалки может быть в огромном мегаполисе, таком как Нью-Йорк. Это не имеет значения. Главное — оставайтесь верным и закидывайте свою удочку. Будьте ловцами человеков!

Молитва на сегодня

Дорогой Господь,

Спасибо Тебе за то, что привёл меня в маленький город Кокран. Я иногда думаю, что возможности для глобального служения здесь были больше, чем если бы мы остались в крупном городе в Калифорнии. Ты всегда знаешь, что для нас лучше, Господь. Помоги мне оставаться рядом с Тобой, чтобы я не упустила хорошие рыбные места.

Во имя Иисуса,

Аминь

ЛОВЦЫ ЧЕЛОВЕКОВ

Глава четырнадцатая

НОВОЕ ТВОРЕНИЕ

«Итак, кто во Христе, тот новая тварь; древнее прошло, теперь все новое».
2 Кор. 5:17

В одиннадцатом часу зазвонил телефон. В голосе Нэнси прозвучало отчаяние. «Мисс Джерри, — сказала она, — вам нужно приехать прямо сейчас. Моя подруга попала в ужасную беду».

Рис. 77 – Они забирают детей Джоани

Зная, что Нэнси работает в местном ресторане, я не могла себе представить, что за беда стряслась с ее подругой. «Что происходит?» — спросила я.

— Они забирают детей Джоани. Сейчас здесь полиция, она плачет и, кажется, не понимает, что с ней происходит. Не могли бы вы приехать прямо сейчас?

В этой безвыходной ситуации, пытаясь услышать Господа, я сказала Нэнси, что, по моему мнению, было бы лучше навестить Джоани на следующий день и тогда оценить ситуацию. Я не думаю, что вмешательство в дела полиции было бы мудрым поступком.

На следующее утро, когда мы с Нэнси подъехали к дому Джоани, мы застали ее сидящей на крыльце. На ее лице читалось поражение и отчаяние. Мусор был разбросан повсюду, а старому стулу, на котором она сидела, уже давно было место на свалке.

Опустившись перед ней на колени, я спросила: «Джоани, ты в порядке?» Она покачала головой, ее душили слезы. «Мы здесь, чтобы помочь», — сказала я так мягко, как только могла. Посмотрев по сторонам, я заметила, что входная дверь была приоткрыта. Сквозь щель я увидела повсюду грязь и мусор.

Рис. 78 – Казалось, у Джоани не было шанса

Я знала Джоани (имя изменено) и ее семью много лет. В прошлом, когда Джоанна была еще подростком и жила дома, мы пытались помочь ее семье.

В их семье было много детей, и мне помнится, что в их доме всегда было грязно и все было забито одеждой. Похоже, ее мать была старьевщицей, которая собирает одежду у людей, а затем разбрасывает ее по всему полу.

В последний год обучения в старших классах Джоани выдвинула против своего отца обвинение в растлении. Если бы он не растлевал ее младшую сестру, она, без сомнения, держала бы это насилие в тайне. Однако, видя, что ее братья и сестры будут страдать так же, как и она, она решила рассказать обо всем матери. Результатом стал тюремный срок для ее отца и позор для всей семьи.

Зная, как она росла, я обняла ее и сказала: «Джоани, дорогая, я знаю, как все это ужасно для тебя, но я собираюсь помочь тебе».

Подняв свое опухшее, заплаканное лицо, она посмотрела на меня и спросила: «Правда?»

Рис. 79 – Какой бардак – но не для Иисуса!

— Конечно, правда! Я знаю, что органы соцопеки забрали детей из-за грязи в доме, а еще я знаю, что твоя мама никогда не учила тебя, как хорошенько наводить порядок в доме. Я вернусь завтра и покажу как это делается, и ты вернешь своих детишек домой! Хорошо?

Вытерев нос тыльной стороной ладони, она слабо улыбнулась: «Хорошо».

Втроем мы помолились и вверили Джоани Господу. В машине Нэнси сияла: «Я была уверена что вы поможете, мисс Джерри».

Как я могла подвести Нэнси? Она только что была спасена, и вот она здесь, пытается помочь тому, кто оказался в беде. Я гордилась ею: «Ты делаешь хорошее дело, Нэнси. Именно этого от нас хочет Иисус. Помогать другим. Вот в чем все дело».

«О боже, — подумала я, — что я скажу Чарли?» Я знала, что впереди много работы. Слава Богу, что я не знала, насколько много!

На следующее утро, не дожидаясь пока проснется Чарли, я вооружилась чистящими средствами и отправилась в путь. «Если я буду работать быстро, — подумала я, — может быть, я смогу закончить все до обеда, и Чарли никогда не узнает. В конце концов, я должна быть профессиональным специалистом по недвижимости, а не уборщицей. Иногда трудно объяснить Чарли, что есть вещи, которые мне просто необходимо сделать!»

Я должна была догадаться, что это будет не обычная уборка. Когда Джоани встретила меня в дверях, она не решалась меня впустить. Я обалдела, когда вошла в дом.

Из-за мусора на полу едва ли можно было где-то ступить. Войдя на кухню, я ощутила спазмы в желудке. Повсюду была разбросана еда, а к полу прилипли человеческие фекалии. Вокруг жужжали мухи, а запах стоял ужасный. Джоани нерешительно улыбнулась и выжидающе посмотрела на меня.

Глубоко вдохнув, я начала выкрикивать приказы: «Хорошо, Джоани, я хочу, чтобы ты начала собирать всю одежду и складывать ее в кучу». Глядя на ее мужа, я сказала: «Пит (тоже не настоящее имя), я хочу, чтобы ты убрал весь мусор с крыльца, по бокам от дома и за домом. Вынеси его на улицу, чтобы его забрал мусоровоз». Не дожидаясь ответа ни от одного из них, я сказала с широкой улыбкой: «Я начну здесь, на кухне!»

Рис. 80 – Только Христос может справиться с такими ужасными тараканами

Когда они разошлись, чтобы выполнить поставленные перед ними задачи, я открыла дверцы шкафа. Я не была готова к тому, что произошло дальше.

Полчища тараканов начали прыгать повсюду, в том числе и в мои волосы! О, нет! Быстро закрыв двери, я

НОВОЕ ТВОРЕНИЕ

подавила свое отвращение и сказала Джоани и Питу, что сейчас вернусь.

Я поехала в местный хозяйственный магазин, где купила несколько банок сильнейшего средства от насекомых. Когда я вернулась в машину, обратилась к Богу и спросила: «Отец, разве нет другого способа помочь этим людям?»

Рис. 81 – Теперь все убрано!

Этот тихий, мягкий голос ответил мне: «Я люблю их. Просто помни, ты делаешь это для Меня».

Никто никогда не говорил мне, что это входит в мои должностные обязанности «ловца человеков».

Рис. 82 – Джоани чиста внутри и снаружи!

Целую неделю мы убирали дом. Я показала Джоани, как пользоваться губкой для посуды и правильно заправлять постель. Пит работал кистью и учился чинить протекающую сантехнику. Моя хорошая подруга Нанетт Уидон купила несколько штор и линолеум. Элеонора Мэтьюз, еще одна моя подруга-христианка, пожертвовала огромную упаковочную коробку, полную постельного белья, посуды, кастрюль и сковородок. Вскоре их дом приобрел совершенно новый вид.

Внешние изменения повлекли за собой глубокие перемены в сердцах Пита и Джоани. Сидя за их чистым кухонным столом, я показала им, как они могут быть чистыми внутри, так же как чисто сейчас снаружи. Их не нужно было уговаривать. Просто и смиренно они склонили головы и пригласили Иисуса в свое сердце. Пока они молились, я тоже произнесла благодарственную молитву. Какая радость видеть, как Бог работает в жизни этой пары.

Через несколько недель я приехала в гости. Сидя на крыльце, Пит терпеливо выковыривал гнид из длинных черных волос Джоани. «Боже мой, — подумала я, — так не пойдет. Если бы органы соцопеки увидели это, они бы никогда не вернули им их четверых детей».

Выпрыгнув из машины, я сказала: «Привет, Джоани. Как обстоят дела сегодня?»

С широкой улыбкой она ответила: «Хорошо».

Не осознавая, как отвратительно это выглядело, Пит продолжал вычесывать волосы Джоани, пока я разговаривала с ними: «Знаешь, Джоани, у тебя очень красивые кудрявые волосы. Как по мне, они будут отлично смотреться в короткой стрижке». И, благодаря моей подруге Бетти Малкольм, которая владела местным салоном красоты, это случилось! Что касается вшей, они теперь в прошлом! Фух!

Следующие три месяца мы посвятили миссии под названием «Избавление и обретение». Джоани хотела избавиться от лишнего веса, а я хотела чтобы она обрела знания о Слове Божьем. Каждое утро в 7 часов я забирала ее, чтобы она могла сбросить эти нежелательные килограммы и получить силу от слова Божьего.

В последующие месяцы я вела переговоры с органами соцопеки, писала рекомендательные письма для Джоани и Пита и изо всех сил старалась подбадривать моих новых брата и сестру во Христе. Мы хотели, чтобы Господь занимал центральное место в их доме, поэтому провели в церкви церемонию обновления их свадебных обетов. Вся семья, включая детей, выглядела очень нарядно. Жаль, что вы не видели видео с этого события.

Мы потеряли связь с Джоани и Питом примерно на четыре года. Они переехали в другой город. И вот сегодня, когда я шла от машины к дверям своего офиса, я заметила Джоани, идущую ко мне с коробкой конфет в руках.

Рис. 83 – Джоани и Пит по-настоящему изменились

«Джоани, — воскликнула я, — как ты поживаешь?»

С широкой улыбкой она ответила: «Хорошо». Сидя в моем офисе, она рассказала мне, что продает конфеты, чтобы помочь своей церкви пристроить комнату для воскресной школы. У них с Питом были взлеты и падения. Но она сказала мне, что поддерживает чистоту в доме, живет для Господа и даже помогает с уроками в воскресной школе. У Пита теперь была приличная работа, и, что самое главное, их дети были с ними!

С сияющей улыбкой она с гордостью поделилась своим последним благословением: «Наш старший сын только что обрел спасение, покрестился, и теперь всем рассказывает о Господе».

Когда она вышла из моего офиса, я убрала конфеты в ящик стола. «Боже, ты поистине нечто! Спасибо, что показал мне, что Ты никогда не сбрасываешь никого со счетов. Спасибо, что позволил мне принять участие в Твоем чудесном плане для Пита и Джоани».

И, кстати, на случай, если вам интересно, что там по

ЛОВЦЫ ЧЕЛОВЕКОВ

поводу Чарли. Он был тем, кто проводил Джоани к алтарю, когда она и Пит обновляли свои свадебные клятвы. Такой уж он человек!

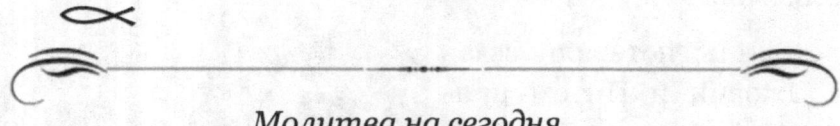

Молитва на сегодня

Дорогой Господь,

Я так рада, что ты оставил красоту Небес и спустился в этот больной грехом мир. Господь, Ты касался грязных нищих рукой любви. Тебя не смущал их запах. Ты видел пустоту в их жизни, и Ты знал, что можешь их изменить... дать им для чего жить... дать им понять, что они ценные люди. По Твоему примеру, Господь, я прошу Тебя, чтобы сегодня Ты протянул через меня руку другим людям. По Твоей благодати я не буду обращать внимание на грязь, а буду видеть людей как имеющих ценность в Твоих глазах.

Во имя Иисуса,

Аминь

Глава пятнадцатая

ВСЕ В СЕМЬЕ

«И такими были некоторые из вас; но омылись, но освятились, но оправдались именем Господа нашего Иисуса Христа и Духом Бога нашего».
1 Кор. 6:11

Два подростка никогда не считали ночные поездки на угнанных машинах кражей. В конце концов, они никогда не оставляли машины себе. Каждое утро, когда владелец собирался ехать на работу, все машины были на своих парковочных местах.

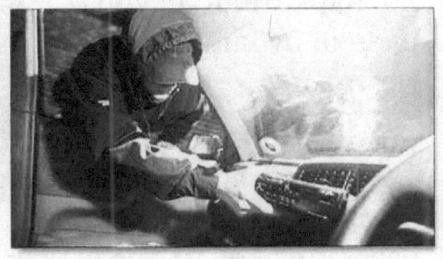

Рис. 84 – От угона машин...

Проблема в том, что судья не разделял взгляда подростков на происходящее. Он вынес им обвинение в «краже с похищением», это означало восемь лет заключения для Джина, одного из парней, участвовавших в этом захватывающем развлечении.

Освобождённый в двадцать четыре года, высокий, худощавый парень из Джорджии стал мускулистым молодым человеком, значительно более мудрым, но тем не менее, не имеющим ни направления, ни достойной цели в жизни.

Он отточил свои навыки в сфере азартных игр, пока отбывал срок в тюрьме, и в течение следующих девяти лет Джин путешествовал по Соединённым Штатам и Канаде, работая с труппой в бродячем цирке. Это приносило хорошие деньги, большую часть составляла его доля от привлечения наивных людей, которые думали, что смогут выиграть у него. Но этого было недостаточно. Ему нужно было наверстать упущенное время.

Связь с преступным миром привела его во Флориду, где на смену азартным играм пришли наркотики и управление публичным домом.

Рис. 85 – ...к азартным играм.

Некоторое время ему удавалось дурачить закон, каждый раз умудряясь избегать ареста, но зависимость от кокаина в конечном итоге сделала его беспечным.

«Замри!» — закричала полиция, выбивая дверь квартиры Джина. Полицейские застрелили его собаку. Они заставили Джина лечь на кухонный пол с разведенными в стороны руками и ногами, приставив ему к затылку пистолет, а затем зачитали ему его права.

Пока Джин погружался на дно, его сестра Лесия находилась в своем собственном персональном аду. Серьёзная автомобильная авария привела ее к полной неподвижности тела ниже шеи, в этот темный период своей жизни она обратилась к Господу и обновила свои обеты Ему.

День за днём, сидя в своём инвалидном кресле, неспособная ни на что, кроме как молиться, она взывала к Богу о спасении своего брата.

Тем временем, после отбытия срока в наркологической

клинике, Джин вернулся в Кокран. Хотя Джин и избавился от своей зависимости к кокаину, он всё ещё зависел от других наркотиков и алкоголя. Лесии казалось, что её молитвы за брата не поднимались выше потолка.

«Господи, пошли кого-нибудь, кто мог бы поговорить с Джином. Пожалуйста, спаси его». Лесия знала из собственного опыта, к чему ведёт грех. Она была далеко от Господа, когда произошла её авария. Один из первых людей, кто пришёл к ней в больницу, был Джин, и теперь она была переполнена заботой о нём. Этот брат был особенным!

Рис. 86 – «Господь, спаси Джина».

Однажды мне позвонили: «Миссис Так, это Джин. Могу я прийти и поговорить с вами кое о чём?»

Недавно я привела к Иисусу одну проститутку, которую я назову Фрэн (не её настоящее имя). Она жила с Джином. Чтобы изменить свою жизнь, она ушла от него. Я подумала, что его звонок связан с этим. Единственное, что я знала об этом молодом человеке, это то, что он работал на мою подругу... по крайней мере, когда он был способен работать. Две бутылки виски и двенадцать банок пива в день, плюс травка, которую он курил, делали его довольно посредственным маляром.

Я назначила ему время для встречи в моем офисе, но опоздала. В то время Чарли тоже работал со мной в сфере недвижимости. «Дорогой, ко мне в офис, должен зайти один длинноволосый парень, но я немного опаздываю». Мой муж ответил: «Он уже заходил, сказал, что ты знаешь, где он живёт и ушёл».

ЛОВЦЫ ЧЕЛОВЕКОВ

Воспринимая ответ Чарли как разрешение разыскать этого парня, я отправилась в маленькую лачугу, в которой он жил. «Господь, благослови Чарли». Не многие мужчины могли бы принять то, что их жёны отправляются «на рыбалку» в такие странные места.

Остановив машину, я хорошенько его рассмотрела. Джин стоял у маленького старого дома и нервно курил сигарету. Это был высокий, исхудавший человек с длинными волосами, у него не было передних зубов и на лице читалось отчаяние.

Я опустила окно своей машины. Подходя ко мне, он наклонился, и, глядя мне прямо в глаза, сказал: «Мисс Так, это не связано с Фрэн. Речь обо мне. Я алкоголик, и моя жизнь в полном беспорядке. Я пытался измениться, но у меня ничего не вышло».

Рис. 87 – Джин приходит к Иисусу

Он глубоко затянулся сигаретой: «Я знаю, что в жизни должно быть что-то большее».

Смотря на этого молодого человека, стоящего рядом с дверью моей машины, я вдруг поняла, что Бог специально устроил эту встречу. Я быстро ответила: «Джин, единственный, кто может изменить тебя, — это Иисус. Ты готов совершить такую перемену?»

«Да, мэм» — ответил он медленным южным акцентом.

Ты не против поехать со мной и поговорить с моим пастором?

Снова последовал тихий, но твёрдый ответ: «Не против, мэм».

«Тогда садись», — кивнув головой, я указала на переднее сиденье своей машины. Не раздумывая, он потушил сигарету ногой и сел рядом со мной.

Проведя час в церкви, я уехала, оставив молодого человека, который теперь стал братом во Христе, дальше разговаривать с пастором. Когда я уезжала, моё сердце пело. Как все таки велик и удивителен Бог. Всё это было настолько невероятно. Эта «рыба» сама прыгнула на крючок. Слава Богу! Он всё сделал Сам!

Рис. 88 – Джин с мамой и сестрой Лесией

Позже в тот же день, войдя в дом к своей матери, Джин что-то пробормотал своей сестре Лесии, проходя мимо нее. «Что ты сказал?» — спросила она, когда он вернулся на переднее крыльцо.

Словно повторяя свои мысли вслух, он ответил: «Я сказал, что пришло время изменить мою жизнь, поэтому я пошёл к мисс Так сегодня и обрел спасение». Не замечая шока на лице Лесии, он добавил: «Теперь мне нужно постирать одежду, чтобы я мог пойти в церковь сегодня вечером».

Позже, рассказывая мне об этом инциденте, Лесия рассмеялась и сказала: «Если бы я не была парализована, я бы выпала из своего инвалидного кресла!»

ЛОВЦЫ ЧЕЛОВЕКОВ

Это положило начало долгим и приятным отношениям с Джином и всей его семьёй.

На следующий день я заглянула к нему и предложила поехать со мной на собрание женского служения Аглоу в Алабаме. Это была рождественская встреча, и туда были приглашены мужчины. Он согласился, и мы отправились в путь. Так началась череда встреч и дружеских посиделок с этим новообращённым человеком.

Рис. 89 – Джину пора улыбаться

В течение следующих трёх-четырёх недель Чарли и я не расставались с ним ни на минуту. Мой партнёр по рыбалке, как и я, очень привязался к Джину.

Невероятно, но Джин сразу же перестал пить. Это был шок для его организма. Но он справился! Отказаться от марихуаны было сложнее, но вскоре он преодолел и эту зависимость. Джин возрастал в Господе, и его прогресс был очевиден для всех.

Брат из церкви предложил ему работу маляра в нашем местном колледже. С новой работой Джин почувствовал необходимость в новом стиле прически. Я была полностью с ним согласна, и мы отправились в парикмахерскую. «Бетти, подстриги его как следует», — сказала я, оставляя его в ее надежных руках. Когда я вернулась за ним, моему удивлению не было предела. Этот парень становился привлекательнее с каждым днём. Небольшое прибавление в весе и новая прическа пошли ему на пользу.

Однажды, молясь за Джина, я сказала Богу: «Господь,

я знаю, что Джин счастлив, но почему он не улыбается?»

Как только я задала этот вопрос, Господь дал мне ответ: «А ты бы улыбалась, если бы у тебя не было передних зубов?» Вот оно что! Зубы!

Пока Джин жил во Флориде, его пьяная езда привела к тому, что он врезался в телефонный столб. Вдобавок к этому, какие-то ребята с Гаити вытащили его из машины и избили бейсбольной битой. Это был ужасный день. С тех пор у него не было зубов и водительских прав.

Малярные навыки Джина потребовались моему другу, который работал стоматологом, оплатой стало изготовление и установка протеза передних зубов.

Рис. 90 – Джин обретает семью и бизнес

Я сказала ему, что есть только одно важное условие этой сделки: он должен улыбаться. И он его выполнил. Более того, Джин начал улыбаться часто. Было видно, как растёт его уверенность в себе.

Однажды Джин сказал: «Мисс Джерри, мне кажется, я хотел бы начать собственный малярный бизнес».

«У тебя все получится, — поддержала я его. — Надо только для начала наведаться в типографию». Взглянув на свой собственный логотип напечатаный на его визитках с именем и номером телефона, он ощутил всю необходимую поддержку. Вскоре у него было больше заказов, чем он мог выполнить. В конце концов, он ушёл с работы в колледже и посвятил все свое время своему собственному бизнесу.

Вскоре он получил обратно свои права на вождение, купил фургон, и люди в городе начали обращать на него внимание. Один из местных помощников шерифа сказал мне, что никогда не видел таких изменений в человеке. Я не могла не согласиться.

Примерно через три месяца после того, как Джин обрел спасение, наша дочь Сэнди вместе с нашей внучкой Амбер вернулись в Кокран.

Так случилось, что Джин оказался рядом, когда она подъехала на своей машине. Позже за ужином он застенчиво спросил: «Ты собираешься пойти в церковь сегодня вечером, Сэнди?» С тех пор эти трое были неразлучны: Джин, Сэнди и Амбер.

Джин стоял перед судьей, в том же месте, где когда-то платил штрафы за вождение в нетрезвом виде, но теперь он надевал обручальное кольцо на безымянный палец Сэнди. В тот день было много улыбок... у всех... включая Бобби Джонсона, судью по делам наследства. Он, как и все остальные, был поражён тем, что сделал Бог.

Через три года их было уже четверо — родилась малышка Маллори. Джин стал гордым папой, который держал на руках свою новорожденную дочку. Трудно было поверить, что всего три года назад этот молодой человек, с таким потенциалом и талантом, находился на грани отчаяния. Иисус несет удивительные перемены!

Они сменили его лачугу на очень уютный, скромный деревянный дом, временное жильё до тех пор, пока они не построят свой новый дом. Купив недавно три с половиной акра земли напротив Кантри-клуба на Учи Трейл в Кокране, Джин и Сэнди уже изучают проекты домов.

Амбер даже планирует завести лошадь! И угадайте что? Бабушка и дедушка живут совсем рядом.

Для меня очевидно одно — «ловля человеков» оправдывает себя с лихвой. В этом конкретном случае семья Таков сорвала настоящий джек пот. Мы получили одного из лучших зятей, каких только можно пожелать.

Так-так, куда это я положила свою удочку?

Послесловие

Прошел двадцать один год с тех пор, как была написана эта история. В мае 2015 года Джин вошёл в небесные врата, неожиданно покинув этот мир в возрасте пятидесяти семи лет из-за сердечного приступа.

За эти годы мы полюбили своего зятя больше, чем можно выразить словами. Джин был трудолюбивым человеком, но из-за многолетнего курения он нанес непоправимый вред своим лёгким, что вызвало проблемы во многих областях его организма, включая сердце.

За несколько дней до своей смерти он красил дом. Владелец заметил, что Джину трудно дышать, и был рад, когда тот прекратил работу и вернулся домой. Он переживал за Джина, но никто не осознавал, насколько он на самом деле болен.

Бог был милостив к его дочери Маллори, которой исполнился двадцать один год и она училась в колледже Джорджии в Милледжевилле. Она планировала навестить его в тот день, но ее график был настолько плотным в выходные, что ей не удалось этого сделать. Если бы она поехала, как планировала, она бы обнаружила своего отца, лежащим мертвым в своем кресле-качалке.

Их последняя встреча была драгоценной, она навсегда сохранит это воспоминание в своём сердце. Маллори

ЛОВЦЫ ЧЕЛОВЕКОВ

была отрадой своего папы. Он гордился ею, и она так же гордилась им.

Джин всегда называл меня мамой и время от времени писал мне сообщения. Он всегда писал: «Я люблю тебя, мама». В своём последнем сообщении он прислал мне стих из Библии. Любимый стих Джина был: «Всё могу в укрепляющем меня Христе».

Нам всем будет тебя не хватать, Джин.

Молитва на сегодня

Дорогой Господь,

Ловить людей — так увлекательно. Просто невероятно! Они действительно бывают разными. Господь, когда я готовлюсь выйти в мир сегодня, помоги мне помнить, что каждая душа, с которой я разговариваю, потенциально может стать частью моей собственной семьи. Как бы я предпочла, чтобы к ним относились? Господи, открой моё сердце, чтобы я могла с состраданием откликнуться на нужды людей.

Во имя Иисуса,

Аминь

ЛОВЦЫ ЧЕЛОВЕКОВ

«Итак, кто во Христе, [тот] новая тварь; древнее прошло, теперь все новое. Все же от Бога, Иисусом Христом примирившего нас с Собою и давшего нам служение примирения, потому что Бог во Христе примирил с Собою мир, не вменяя [людям] преступлений их, и дал нам слово примирения. Итак мы – посланники от имени Христова, и как бы Сам Бог увещевает через нас; от имени Христова просим: примиритесь с Богом».

– 2 Кор. 5:17-20

ВСЕ В СЕМЬЕ

Рис. 91 – Все в семье – Джин и Мэллори

ЛОВЦЫ ЧЕЛОВЕКОВ

Глава шестнадцатая
СОКРОВИЩА НА НЕБЕ

«Ибо где сокровище ваше, там будет и сердце ваше».
Мф. 6:21

———◆◎◆———

«Я носила его под сердцем девять месяцев. Теперь я смотрела на него через окно детской. Вверх-вниз... вверх-вниз... Его положили на движущийся аппарат, похожий на миниатюрные качели. После 43 часов тяжёлых родов я родила этого прекрасного ребёнка. Он выглядел идеальным во всех отношениях».

— Боже, пожалуйста, пусть он выживет.

Измотанная долгими схватками и тяжёлыми родами, я погрузилась в глубокий сон, но меня разбудили тревожные слова врача: «Мы не думаем, что ваш ребёнок выживет». Меня отвезли в детскую, чтобы я увидела его в последний раз.

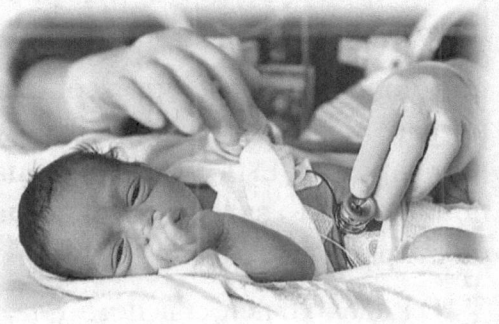

Рис. 92 – Мой ребенок был взят к Иисусу.

Двенадцать часов спустя мой ребёнок уже отправился к Иисусу. Официальной причиной смерти назвали деформированный сердечный клапан. В пятидесятые годы операции на сердце у таких маленьких детей были редкостью. Мне сказали, что лучше ему умереть, чем остаться инвалидом. Это было слабым утешением для моего убитого горем сердца.

ЛОВЦЫ ЧЕЛОВЕКОВ

О, как больно было возвращаться в детскую, которую мы так любовно украшали. Сидя в кресле-качалке с пустыми руками, я воскликнула: «Почему, Господи?»

В любом возрасте трудно найти утешение, потеряв своего первенца, но в восемнадцать лет я была опустошена. Я знала Господа как своего личного Спасителя всего год, и эта ноша казалась мне слишком тяжёлой. Однако с течением времени боль утихла. Я знала, что у меня есть сокровище на небесах. Когда-нибудь я снова увижу маленького Давида. Как драгоценно было для меня Божье слово во время этого процесса исцеления.

Жизнь продолжается.

Однажды ночью, много лет спустя, мне вновь предстояло узнать, что Божье утешение для меня в конечном итоге принесёт мир и спасение ещё одному обеспокоенному сердцу.

«Дорогой, только что звонила Нэнси. Похоже, она сильно расстроенна и хочет зайти ко мне. Кажется, ей нужно поговорить». Был уже одиннадцатый час вечера, и Чарли понял, что это затянется до поздней ночи. Поцеловав меня, он отправился спать.

Ожидая Нэнси, я вспомнила, как встретила ее в первый раз. Я остановилась у небольшого магазина неподалёку от города. Пока я расплачивалась, я заметила худую женщину, входящую в магазин. Её волосы были растрёпаны, а лицо бледное и изможденное.

«Ты в порядке?» — спросила я.

Похоже, что у этой женщины было больше проблем, чем она могла вынести. Ивонн, мать-одиночка с тремя детьми, одним из которых была семилетняя Нэнси, готовилась к серьёзной операции. Не имея никого, кто мог бы позаботиться о её детях, она находилась в полном отчаянии. И вы угадали! На неделю Нэнси вместе с её младшим братом и старшей сестрой стали частью семейства Таков.

Рис. 93 – Для Ивонн и её детей жизнь не была лёгкой.

Для Ивонн и её детей жизнь не была лёгкой. Год за годом их преследовали одно испытание за другим. Брат Нэнси, которому было всего четыре года, ходил в библейскую школу при Первой баптистской церкви в Кокране. Нэнси вела его домой, когда он увидел мать на другой стороне улицы. Прежде чем Нэнси успела его остановить, он бросился через дорогу и его сбила машина. Из-за полученных травм ему требовался постоянный уход. Дополнительным стрессом стали нескончаемые счета. Нэнси чувствовала себя потерянной в этом хаосе.

Нэнси вышла замуж и покинула дом в раннем подростковом возрасте. У них с Гэри был один ребёнок. Они вместе взрослели и справлялись со всем. Я гордилась ими. Несколько месяцев назад я продала им уютный домик в сельской местности, и теперь они ждали второго ребёнка. Казалось, всё шло как нельзя лучше. Хотя я не видела её несколько месяцев, мне было интересно, что ей могло понадобиться в столь поздний час.

Сидя напротив меня за обеденным столом, Нэнси изливала своё сердце. На протяжении недели она чувствовала, что с её ребёнком что-то не так. Он не двигался. Врач подтвердил её худшие опасения. Ребёнок был мёртв.

Обняв её, я рассказала ей историю моего маленького

ЛОВЦЫ ЧЕЛОВЕКОВ

Давида. Она не знала, что я потеряла своего первенца. Каким-то образом осознание того, что кто-то еще проходил через такое, приносит огромное утешение.

«В тот месяц умерло много младенцев, Нэнси, — сказала я ей. — Тогда мы были очень бедны, и округ похоронил моего ребенка за свой счет. Так как я была больна и слишком бедна, чтобы устроить похороны для маленького Давида, я позже пошла на кладбище, чтобы найти место его захоронения. На могилах стояли метки, которые позже планировали заменить на маленькие таблички с именами. Там было не меньше тридцати могил».

Рис. 94 – Мое утешение стало утешением для Ненси

Нэнси пристально смотрела на меня, пока я держала её за руку.

«Я обошла каждую могилу. На месте захоронения моего ребёнка не было метки. Одна из бумажных меток отсутствовала на деревянной стойке. Почему-то я знала, что это должно быть место, где покоится Давид. Я просто стояла там и смотрела».

К тому моменту мы с Нэнси уже плакали. «Господь обратился к моему сердцу и сказал: "Тебе не нужно возвращаться. Его больше нет здесь. Он со мной. У тебя есть сокровище на небесах, так что храни своё сердце там"». Я сделала паузу и посмотрела на Нэнси, ожидая её реакции.

Утирая слёзы с глаз, она кивнула головой. «Нэнси, — мягко продолжила я, — твой маленький Джозеф сейчас на небесах с Иисусом. Он не может прийти к тебе... но ты можешь прийти к нему, если обретешь спасение. Вошел ли Иисус в твое сердце?»

Продолжая вытирать слёзы, она ответила: «Конечно. Я была спасена примерно пятнадцать раз».

По мере разговора я узнала, что Нэнси неоднократно выходила к алтарю в разных церквях для получения спасения. Разные проповедники молились за неё, но она сама никогда не молилась. После тщательного объяснения пути спасения я спросила её, хочет ли она пригласить Иисуса в своё сердце. «Я ещё не готова», — ответила она.

После того, как я заверила ее, что буду молиться за неё и её семью, Нэнси ушла. Хотя Нэнси получила некоторое утешение той ночью, я знала, что только сам Господь может полностью удовлетворить её нужду.

Мы с Чарли помолились.

Прошло несколько недель, и я не могла выбросить Нэнси и Гэри из своей головы и сердца. В один из воскресных дней эти мысли ощущались особенно сильно, и я поехала к ним домой. Разговор как-то сразу переключился на Господа. Они оба внимательно меня слушали. Внезапно, прервав меня, Нэнси заговорила с такой решимостью, что удивила и Гэри, и меня: «Мисс Джерри, я думаю, что хочу спастись сегодня!»

Я посмотрела на её мужа и спросила: «А ты, Гэри? Хочешь тоже спастись?»

Испытывая неловкость от такого внимания, он ответил: «Я думаю, что ещё не готов».

ЛОВЦЫ ЧЕЛОВЕКОВ

«Все хорошо, — улыбнулась я. — Мы просто возьмёмся за руки, что бы Нэнси обрела спасение. А когда ты будешь готов, ты тоже сможешь обрести спасение!» Мы стали в маленький круг, держась за руки, и обратили сердца к небесам, и Нэнси обрела мир и радость, которые искала.

Рис. 95 – «Когда ты готов – ты можешь спастись»

Какая перемена... для них обоих. Хотя Гэри не сразу обрел спасение, зато он начал ходить в церковь вместе с Нэнси. Он стал видеть ответы на её молитвы и вскоре понял, что Бог реален.

Спустя несколько месяцев, ближе к концу одного из утренних воскресных собраний, Господь двигался самым милым образом. Когда пастор пригласил всех желающих выйти вперёд для обретения спасения, Господь тихо сказал мне три коротких слова: «Пойди возьми его».

Не раздумывая, я встала со своего места, прошла к задней части церкви и поднялась по левому проходу. Приобняв Гэри, я прошептала:

«Самое время обрести спасение. Как ты считаешь? Я пойду с тобой к алтарю».

Гэри обернулся и ответил простым кивком: «Да».

Мы вместе подошли к алтарю, и ещё одна душа родилась для Царства Божьего! Никому не пришлось вести Гэри в молитве покаяния. Его сердце было готово!

С тех пор прошло четыре года. Я наблюдала, за тем как

СОКРОВИЩА НА НЕБЕ

Гэри и Нэнси возрастали в своей христианской вере. Они проявили много мужества и инициативы. Некоторое время у них был христианский книжный магазин, который стал благословением для многих. Они усердно трудились в церкви. Им пришлось пройти через трудные времена. Несколько раз они спотыкались, но кто не спотыкался? Но теперь они знают, где искать ответ. Они встретили Утешителя. Вскоре Господь благословил их ещё одним сыном. Не для того чтобы заменить маленького Джозефа, а чтобы дать им ещё одно сокровище, которым они могут наслаждаться здесь, на земле.

Рис. 96 – Теперь, Гэри, твоя очередь.

Скоро Гэри и Нэнси переедут из Кокрана, чтобы следовать своим новым устремлениям и целям. Бог следует за ними, и я твёрдо верю, что Его рука простерта над их жизнью. Я буду поддерживать с ними связь. Пока они двигаются с Господом, я уверена, что буду получать хорошие вести. Теперь, когда они знают Христа, какие бы испытания ни поджидали их на пути, до тех пор пока они взирают на Него, они смогут всё преодолеть.

Друг, когда мой сын Давид родился 12 сентября 1958 года, я и представить не могла, насколько сильно благословенный Утешитель будет действовать через меня, чтобы помогать другим. Да, Он утешает нас, чтобы и мы могли утешать других.

ЛОВЦЫ ЧЕЛОВЕКОВ

Итак, прежде чем я завершу эту главу своей жизни, мне нужно поделиться с вами ещё одним благословением. Так же, как Бог дал Нэнси и Гэри ещё одно сокровище, которое они могли бы любить, Он дал и мне сына крайне необычным образом. 12 сентября 1991 года, когда Давиду исполнилось бы тридцать три года, наша дочь Сэнди вышла замуж за Джина (см. «Все в семье»). Ему тоже было тридцать три, и он действительно во всем стал для меня сыном!

Кто вообще может постичь пути нашего Бога? Он ведёт нас и направляет наши пути, даже если в жизни происходит трагедия, а она несомненно может произойти. Вся честь и слава будут принадлежать Ему, если только мы позволим Ему действовать по Его замыслу.

Молитва на сегодня

Дорогой Господь,

Спасибо Тебе за мои сокровища на небесах... и на земле. Я знаю, что есть другие, у кого нет этого знания и уверенности. Они потеряли своих малышей, таких же как Джозеф и Давид. Они чувствуют горечь, злость и боль. Помоги мне достучаться до них с Твоей любовью и принести утешение сегодня, Господь. И, Отец, если они еще не познали Тебя лично как реального Бога, помоги мне привести их в Твои утешающие объятия.

Во имя Иисуса,
Аминь.

«Мои мысли — не ваши мысли, ни ваши пути-пути Мои, говорит Господь. Но как небо выше земли, так пути Мои выше путей ваших, и мысли Мои выше мыслей ваших».
– Ис. 55:8-9

Глава семнадцатая
ДАЛЕКАЯ ЛУНКА ДЛЯ РЫБАЛКИ

*«И сказал им:
идите по всему миру
и проповедуйте Евангелие всей твари».
Мр. 16:15*

Когда Господь сказал мне, что мой офис по продаже недвижимости станет станцией спасения душ, я была вполне довольна тем, что не придётся ехать на край света, чтобы проповедовать Евангелие. В моём родном «пруду» Кокрана, штат Джорджия, было достаточно «рыбы». Мне не нужно было ехать куда-то ещё, потому что Бог приводил её ко мне Сам.

Рис. 97 – Евангелизация в Индии

Однажды вечером Чарли и я отправились на встречу Бизнесменов Полного Евангелия в Мейконе, штат Джорджия, примерно в сорока пяти милях к северу от Кокрана. Нам всегда нравилось посещать эти ежемесячные собрания и слушать множество вдохновляющих свидетельств, главным образом от успешных бизнесменов, которые стали христианами.

Иногда на этих встречах звучали короткие свидетельства тех, кто не был заявлен как основной спикер месяца, и в этот вечер молодая пара из Индии кратко рассказала о своей миссионерской работе на другом конце света.

Слушая их выступление, я подумала об одном друге, который жил в нашем городе, он тоже был родом из Индии. Я пыталась привести этого человека ко Христу, но пока безуспешно. Я решила, что подойду к этой паре после собрания и приглашу их в Кокран на обед. А еще я приглашу своего индийского друга. Я размышляла примерно так: «Может быть, им удастся привести его ко Христу, ведь они из одной культуры». Мои попытки достучаться до него не увенчались успехом, и мне нужна была помощь.

Рис. 98 – Питер Пол с пастором Айманом и его женой

Они приняли моё приглашение, и мы чудесно провели время за столом. После обеда мой друг попрощался и вернулся на работу, а молодая пара осталась немного дольше. Они явно хотели о чём-то поговорить, и то, что они собирались сказать, перевернуло весь мой мир.

Они сказали, что мне нужно поехать в Индию и посетить приют и библейскую школу, которые основала мать Эдит, Падма Мудалиер. Поскольку они сами возвращались в Индию, они посоветовали мне связаться с их дядей, который жил в Мейконе, и он поможет уладить все детали. Я вежливо улыбнулась и поблагодарила их за приглашение, мысленно думая: «Ни за что! Я не хочу ехать в Индию».

Когда они уехали, я рассмеялась и сказала своему мужу, что у меня совершенно нет желания ехать в Индию. Кокран был моим местом для рыбалки.

Позже я упомянула об этом приглашении нескольким людям, не ожидая, что кто-то может воспринять это всерьёз. Несколько недель спустя я получила открытку от одной сестры из собрания Аглоу, доктора Мэри Паттон. В ней было написано: «Привет, Джерри. Это на твою поездку в Индию». Внутри был чек на пятьсот долларов. Что???

Затем Линда, одна из наших дочерей, продала свой зоомагазин и вручила мне чек на 350 долларов. «Для чего это?» — спросила я, когда она дала мне чек.

«Это чтобы помочь тебе в твоей поездке в Индию, мам. Ты сможешь рассказать многим мальчикам и девочкам об Иисусе, когда окажешься там».

Я была в полном недоумении. Индия? Это же на другом конце света. Разве Господь действительно хочет, чтобы я поехала так далеко одна?

Мой вечный вдохновитель Чарли посоветовал мне помолиться об этой поездке, так как было похоже на то, что Бог открывает эту дверь. Я начала ревностно молиться.

«Хорошо, Господь. Я поняла. Ты хочешь, чтобы я поехала в Индию. Но ты должен позаботиться о деньгах, потому что у нас определенно нет достаточной суммы на такую поездку».

С этого момента я не успевала моргнуть, как деньги приходили либо по почте, либо из других невероятных источников. Однажды мне позвонили из Голгофской баптистской церкви, небольшой сельской общины примерно в восьми милях от нашего города: «Мисис Так, мы слышали, что вы собираетесь в Индию. Не могли бы вы прийти и рассказать нашим детям о вашей предстоящей поездке в нашей библейской школе? Кстати, мы планируем пожертвовать все наши сборы с этого собрания вам».

В это воскресное утро во время церковной службы Тара Уокер рассказала, как она обучала младших девочек, рассказывая им об Эми Кармайкл, миссионерке в Индии. Я была в восторге, услышав это, так как к тому времени я уже определенно планировала свою поездку.

Затем она сказала: «Дорогие друзья, у нас в церкви есть наша собственная Эми Кармайкл». Мы все оглянулись, чтобы узнать, о ком она говорит, и тогда она добавила: «Джерри Так, не могла бы ты выйти вперёд?» Скажу без лишних слов — я была в шоке.

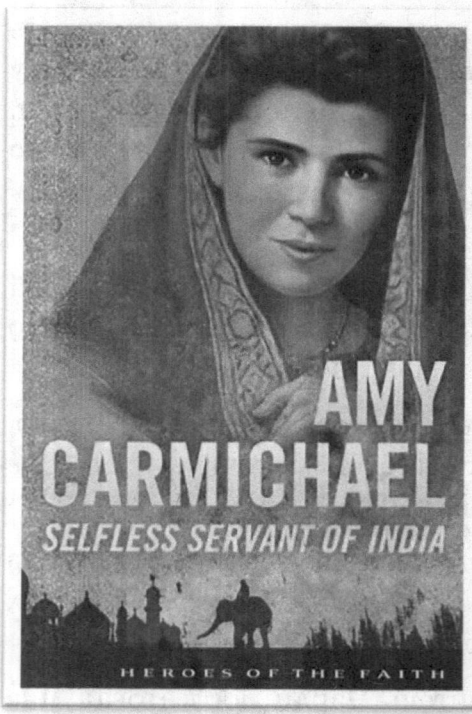

Рис. 99 – Эми Кармайкл, миссионерка в Индии

Когда я вышла вперёд, Тара, с сияющей улыбкой и блеском в глазах, вручила мне чек на сумму 500 долларов: «Девочки провели "марафон на креслах-качалках" и собрали все эти деньги на твою поездку!»

К этому моменту моя миссионерская поездка в Индию потихоньку превращалась в реальность. Я начала изучать эту страну, находящуюся на другой стороне земного шара. Я узнала много нового, в том числе о том, что страну захлестнули многочисленные случаи одержимости бесами. В индуизме, который является основной религией в Индии, поклоняются более чем трем миллионам богов.

Моя поездка планировалась через три месяца, и с этого момента я начала поститься три раза в неделю. Я искренне молилась о защите, мудрости и руководстве от Бога. Каждый день, читая Библию, я с усердием записывала в своем дневнике то, что Бог открывал лично для меня, а также для Индии.

Я узнала об Индии кое что полезное с практической стороны. Моя поездка выпадала на время сезона дождей. Я попросила ребят шестого класса воскресной школы начать молиться, чтобы, пока я буду там, дождя не было.

Когда я разговаривала с дядей Эдит, Питером Полом, он сообщил мне, что может организовать мой рейс либо через Калифорнию, либо через Нью-Йорк. В любом случае расстояние было примерно одинаковым.

Понимая, что это решение было важной частью моей поездки, я встретилась с моими христианскими друзьями в Мак Рее, штат Джорджия, и попросила их помолиться об этом вместе со мной. Когда они возложили на меня руки и начали молиться, на меня снизошел мир, и я поняла, что, какой бы рейс я ни выбрала, я в руках Бога.

На следующий день Питер Пол позвонил и сказал, что он организовал для меня поездку через Калифорнию, но есть одна проблема: «Тебе предстоит восемнадцатичасовая пересадка в Малайзии». О, Боже, я ехала одна. Обычно я довольно смелый человек, но Малайзия?

Вечером следующего дня Чарли и я были консультантами на семинаре по вопросам брака, который проходил примерно в 45 минутах от нашего города в Корделе, штат Джорджия. Мы находились в отеле Холидей Инн и сидели за большим круглым столом. Все люди вокруг стола были мне незнакомы, кроме одной женщины. «Морин, ты слышала о моей поездке в Индию? — спросила я. — Мне нужно, чтобы ты помолилась, потому что мне предстоит восемнадцатичасовая пересадка в Малайзии».

Незнакомец, сидящий рядом со мной, спросил, где именно в Малайзии. «Я не могу произнести это, но это столица», — ответила я.

«Куала-Лумпур?» — спросил он.

«Да», — ответила я.

«Не беспокойся ни о чем. Я был миссионером там двадцать лет. Я все устрою для тебя. Я знаю президента Бизнесменов полного Евангелия по всей Азии. Просто позволь мне обо всем позаботиться».

Ничего себе, Господь. Ничего себе!

Наконец, все мои средства были собраны. Билет куплен, и я думала, что готова к поездке, когда услышала, как Бог говорит тихим, нежным голосом: «Джерри, я хочу, чтобы ты пожертвовала Падме 1000 долларов на сирот и её библейскую школу».

Я знала, что это побуждение от Господа, и с волнением поделилась этим с Чарли. Он был немного скептически настроен, спрашивая, откуда это я собираюсь взять такую сумму денег.

«О, не волнуйся, — успокоила я его. — Господь позаботится об этом».

Через несколько дней я отправилась на ретрит в собрание Аглоу, там доктор Мэри Паттон подошла ко мне и вручила чек на сумму 1000 долларов.

Я была вне себя от восторга и попыталась рассказать ей на что собираюсь потратить эти деньги. Она остановила меня и сказала: «Подожди минутку. Позволь мне кое-что сказать. Я не хотела давать тебе эти деньги. Я спорила с Богом и говорила Ему, что у тебя уже есть билет. Знаешь, что Он мне ответил? "Ты не имеешь ни малейшего представления, о чем Джерри молится. Просто дай ей деньги"».

Как я могла теперь сомневаться, что моя поездка была Божьей волей?

Наконец, настал день моего отъезда. Я собирала чемоданы, полные футболок, солнечных очков и леденцов Тутси Попс для сирот. Чарли смотрел на меня какое-то время, а затем сказал: «Дорогая, а ты не думаешь, что тебе стоит взять и для себя какую-то одежду?» Я просто рассмеялась и ответила, что куплю что-нибудь, когда доберусь туда. Сироты нуждались во всем этом, и я знала, что Бог позаботится обо мне.

Когда мы приземлились в Куала-Лумпуре, авиакомпания предоставила прекрасный отель всем, кому предстояла пересадка. Тем вечером со мной связался человек, который был президентом Бизнесменов Полного Евангелия, и сказал, что на утро у входа в отель меня будет ждать машина.

Когда я села в машину БМВ с шофером, мне пришлось ущипнуть себя, чтобы убедиться, что это не сон. Он отвез меня в многоэтажное офисное здание и проводил на 40-й этаж. Там мы вошли в зал для встреч. Примерно пятьдесят бизнесменов уже ожидали меня, и у меня была возможность поделиться своим свидетельством с ними.

Оттуда мы отправились в дом христианского бизнесмена, где его жена любезно организовала обед для более тридцати женщин. И я снова рассказывала о благости Бога

ЛОВЦЫ ЧЕЛОВЕКОВ

и удивительных чудесах, которые Он совершил в моей жизни, включая эту поездку в Малайзию и Индию.

Рис. 100 – Джерри рассказывает о любви Иисуса в Индии

Когда обед и время общения подошли к концу, меня отвезли в аэропорт, и я села на самолет малазийских авиалиний, направлявшийся в Мадрас, Индию.

Когда я вышла из самолета, меня вдруг охватила паника. Где же Падма? Будучи высокой блондинкой, я определенно не могла смешаться с толпой. Мне казалось, что все смотрят на меня. В отчаянии я оглядывалась, пытаясь понять, где она, и вдруг увидела, как она подходит ко мне с прекрасной улыбкой на своем темном лице. Я сразу же узнала её по фотографии. Она была в струящемся белом сари и выглядела как ангел.

В течение следующих трех недель я проповедовала Евангелие тридцать четыре раза. Я даже не догадывалась, когда Падма написала мне и попросила прислать мою фотографию, какую подготовку к моему визиту она проделала. Она рассказала всем проповедникам в своем округе, что приезжает «известная женщина-евангелист из Америки».

Она развесила плакаты по всем городам, которые мы посещали, а в одном месте даже был баннер с моей фотографией, растянутый высоко над главной улицей, на котором было написано, что я евангелистка Джерри Так!

Я была потрясена уже тем, что меня вообще пригласили проповедовать. Я искренне думала, что буду только благословлять маленьких детей в её приюте. В ту первую ночь в Индии, когда я встала на колени, чтобы помолиться, я сказала: «Господь, о чем мне проповедовать?» Слова, которые я записывала в своем дневнике в течение трех месяцев поста, стали моими посланиями на все три недели поездки.

Только Господь знает, сколько людей было спасено и исцелено во время этой поездки. Я проповедовала перед толпами от семидесяти пяти до пяти тысяч человек. Я выступала в церквях, тюрьмах, школах и приютах.

В одной тюрьме все семьдесят пять мужчин, которые сидели на земле под баньяном, подняли руки, чтобы принять Христа. Пастор Айман, мой переводчик, был в восторге. «Подожди минуту, пастор Айман. Тебе нужно объяснить им, что это не просто еще один бог, добавленный ко всем их богам. Это единственный Бог».

«Они понимают, сестра», — ответил он.

«Скажи им это еще раз», — настаивала я. И он повторил это еще раз, и снова все руки поднялись, чтобы получить спасение.

Через несколько лет я узнала, что один из мужчин, спасенных в тот день, был осужден за совершение двух убийств. Он начал переписываться с пастором Айманом и чудесным образом был освобожден из тюрьмы. Пастор Айман принял его в свое сердце и в свой дом. Этот человек пошел в библейскую школу, и в конечном итоге они с пастором Айманом начали тюремное служение, которое теперь распространилось по всей Южной Индии.

Как я упоминала в первой части этой главы, моя поездка совпала с сезоном дождей, но у меня были серьезные воины-ходатаи, которые молились за меня в Штатах. Каждый раз, когда я звонила домой, Чарли говорил мне, что молодой Грег Фец продолжает молиться, чтобы не было дождя. «Скажи ему, что его молитвы действуют. Пока не упало ни одной капли».

Рис. 101 – Пастор Айман

Вечером перед тем, как моя поездка закончилась, сразу после собрания ко мне подошел один джентльмен и сказал: «Сестра, нам нужен дождь. Пожалуйста, помолитесь, чтобы пошли дожди».

Я сказала ему: «Эта засуха — моя вина. Дождь пойдет завтра». И он действительно пошел. На следующий день, когда я села в такси, которое должно было отвезти меня в аэропорт, начали падать первые капли. Через несколько дней после моего прибытия в Штаты мне сообщили, что в Мадрасе выпало столько дождя, что город затопило.

Хотя я не была в Индии с момента своей поездки в 1997 году, я знаю, что тюремное служение, которое начал пастор Айман, процветает. В 2006 году они с женой приехали в Кокран во время нашего ежегодного марафона, посвященного чтению Библии. Он прочитал отрывок из Священного Писания на тамильском языке на площади у суда. Потом мы пригласили его и его жену на обед, и прямо во время обеда в ресторане он показал нам три больших фотоальбома. Каждая страница была заполнена фотографиями заключенных, которые пришли к Христу благодаря его служению.

Бог призывает вас в далекую страну, чтобы служить Ему? Вы беспокоитесь о расходах на это служение? Поверьте, если Бог призвал вас, Он обеспечит вас. Если Он послал вас, Он подготовит сердца, которые вас примут.

Молитва на сегодня

Дорогой Господь,

Твоя заповедь идти по всему миру и проповедовать Евангелие — это не просто предложение. Ты многократно говорил, что любишь всех и не желаешь, чтобы кто-либо погиб. Спасибо, что ты подтолкнул меня выйти из зоны комфорта, отправив меня в Индию. Я здесь, Господь, как Твоя слуга. Я снова посвящаю свою жизнь Тебе и говорю: «Куда бы Ты меня ни послал, я пойду¹»

Во имя Иисуса,

Аминь.

ЛОВЦЫ ЧЕЛОВЕКОВ

«Такую уверенность мы имеем в Боге через Христа, не потому, чтобы мы сами способны были помыслить что от себя, как бы от себя, но способность наша от Бога. Он дал нам способность быть служителями Нового Завета, не буквы, но духа, потому что буква убивает, а дух животворит».

– 2 Кор. 3:4-6

Глава восемнадцатая
СМЕРТЬ ЧАКА ПЬЯНИЦЫ

«Сей нищий воззвал, — и Господь услышал и спас его от всех бед его».
Пс. 33:7

Вы уже слышали кое-что о моем Чарли, и, думаю, вы считаете его потрясающим человеком. Что ж, вы правы, но так было не всегда. На самом деле, когда я встретила Чарли Така, он был на самом дне.

Всё началось в холмах Западной Вирджинии, где родился Чарли, в месте под названием Снейк-Айленд. Добраться туда можно было только идя по железнодорожным путям. Асфальтированных дорог в этой долине не было.

Рис. 102 – Чарли был сыном шахтера

Чарли был сыном шахтёра. Чарли-старший всю неделю работал в шахте, а на выходных выбирался на поверхность, чтобы подышать свежим воздухом и подраться. Он не считал субботний вечер удавшимся, если не возвращался домой в разорванной рубашке и с подбитым глазом.

ЛОВЦЫ ЧЕЛОВЕКОВ

Рис. 103 – Папа Чака попал в неприятности с полицией

Такой была жизнь в шахтёрском городке.

Чак, как его тогда звали, решил, что добьётся большего, чем его отец. Он собирался стать кем-то в этой жизни.

По мере того как Чак взрослел, пьянство и драки становились всё хуже. Однажды ночью его отец в пьяной ярости начал искать кухонный нож и заявил, что убьёт их всех. Чак пошёл на кухню, собрал все ножи, которые смог найти, и спрятал их. Последнее воспоминание Чака об отце — это полицейские, скручивающие его, чтобы надеть наручники и посадить в полицейскую машину.

С тех пор долговязый подросток начал работать, чтобы помочь матери и младшим сёстрам. Сначала он упаковывал продукты, затем устроился в аптеку, где работал с местным фармацевтом. Тогда у него появилась мечта — открыть собственную аптеку.

Сразу после окончания школы, неся свои пожитки в пластиковом пакете, Чак сел в автобус, чтобы отправиться на базовую подготовку в ВВС. У него были большие планы на будущее, и угольные шахты Западной Вирджинии — это последнее, о чем он думал. В школе Чак добился успехов как в учёбе, так и в музыке. Музыкальная стипендия Университета Западной Вирджинии должна была подождать, пока он отслужит в ВВС.

СМЕРТЬ ЧАКА ПЬЯНИЦЫ

Будучи образцовым подростком, он никогда не давал матери повода заподозрить, что тайком начал выпивать. В шестнадцать лет он впервые попробовал алкоголь, и ему это понравилось. Компания, в которой он вращался на службе в ВВС, познакомила его с более изысканными напитками, и вскоре Чак уже мог пить наравне с самыми закалёнными.

Рис. 104 – Чак отслужил в ВВС США

Его выбрали для программы подготовки авиационных курсантов, и Чак был близок к осуществлению своей мечты. Уверенный, что успешно пройдет курс, он заказал новенький «Форд». «Пусть дома, в Рейнелле, Западная Вирджиния, все увидят, что сын Чарли добился успеха! Теперь никаких шахт!» Но случилась трагедия: за две недели до выпуска Чак провалил экзамены. Утешение он нашел в бутылке и напился до беспамятства.

К тому времени, как он оставил ВВС, он уже был женат. У них с женой родился первый ребёнок — девочка. Вернувшись в Западную Вирджинию, он поступил в местный университет, выбрав специальность «фармацевтика». Если ему не суждено стать штурманом, он был готов смириться с мыслью о сети аптек в своей собственности.

Через два с половиной года ему пришлось бросить учёбу. С женой и двумя детьми на руках продолжать учебу было невозможно. Нужно было что-то менять. Ещё одна мечта рухнула, а пьянство только усилилось. Но теперь у него появился собутыльник — его жена.

Рис. 105 — Чак пьяница с собутыльниками

Оставив учебу, они вернулись в Калифорнию, Сакраменто, где раньше служил Чак, и он устроился работать гражданским служащим на авиабазу МакКлиллан.

Дети прибавлялись; их стало пятеро. Давление росло. Чак и его жена тратили на выпивку все до копейки. Его жизнь начала рушиться.

Их брак был на грани распада, и неизбежное случилось. Поскольку Чак не проходил лечение от зависимости в стационаре, и о его алкоголизме не было официальных записей, он смог получить опеку над четырьмя младшими детьми. Алкоголизм его жены был задокументирован в нескольких реабилитационных центрах. Отличный выбор для четверых невинных детей — жизнь с матерью-алкоголичкой или с отцом-пьяницей.

Ситуация казалась безнадежной для всей семьи.

Все мечты обернулись крахом, но Чак находил утешение в бутылке. Он выпивал бутылку виски и шесть

СМЕРТЬ ЧАКА ПЬЯНИЦЫ

банок пива в день. На работе он умудрялся держать алкоголь в своём ящике и потихоньку пить его в течение дня через пластиковую трубочку. По выходным он выпивал по-крупному.

Один из коллег каждый день наблюдал за Чаком. Он старался не давить на него, но он за него молился.

Руди Экклебум был не только активным членом своей церкви, но, что более важно, он был христианином, который проявлял свою веру на работе. Заботливый отец четверых детей, Руди был опечален, видя, как эта семья страдает из-за пьянства Чака. Он с женой Марлен продолжал молиться за своего коллегу, который, казалось, стремительно катился вниз по склону.

Рис. 106 – Чак купил свою выпивку

Работая над своим гироскопом в ту судьбоносную пятницу, Руди почувствовал, что на Чака пал сокрушительный удар. Случайно бросив взгляд через комнату, он заметил, как двое начальников и профсоюзный уполномоченный направляются к столу Чака.

«Мы знаем, что у тебя проблемы в семье, Чак, но мы больше не можем терпеть твоё пьянство на работе. Мы даём тебе последний шанс», — предостерёг его начальник.

Руди старался не смотреть на разворачивающуюся перед ним и другими рабочими сцену. «О, Господь, — молился он, — помоги мне достучаться до этого человека».

ЛОВЦЫ ЧЕЛОВЕКОВ

Собирая со стола свои вещи и готовясь перейти в другую рабочую зону, Чак чувствовал себя унизительно. «Какая наглость!» — подумал он. Он швырнул свои инструменты в коробку: «Кого это вообще волнует?»

Он уже представлял как хорошенько напьётся, вернувшись домой тем вечером, но его мысли прервал Руди: «Чак, я не мог не слышать, что говорил тебе начальник. Вот мой номер. Если тебе когда-нибудь понадобится с кем-то поговорить, просто позвони мне». Сомневаясь, нужно ли сказать что-то ещё, Руди вернулся к своему рабочему месту.

По пути домой Чак заехал в магазин алкоголя и купил привычные вечерние запасы. «Я им покажу, — решительно подумал он. — Так меня унизить».

Оставив бутылки на кухонном столе, Чак потянулся к карману рубашки за сигаретой. Вместо этого он достал номер Руди. «Наверное, позвоню старику Руди и поплачусь ему в жилетку», — подумал он. Если он искал сочувствия, то позвонил не тому человеку.

Рис. 107 – «Чак пьяница» умер на Либерти стрит в 1972 г.

Руди с необычной для него смелостью заговорил с Чаком о его нужде в Христе. «Да, конечно, Руди, — ответил он уклончиво. — Когда-нибудь я схожу в церковь и спасусь».

— Тебе не нужно ждать до воскресенья, Чак. Ты можешь обрести спасение прямо в своей гостиной.

Почувствовав, что Господь работает с Чаком, Руди сильно потянул за эту евангельскую «удочку»: «Чак, ты сейчас в подходящем месте, чтобы встать на колени?»

— Да.

— Как насчёт того, чтобы мы оба встали на колени? И ты сможешь попросить Господа войти в твоё сердце прямо сейчас.

Там, в убогом домишке на Либерти-стрит в Сакраменто, Чак-пьяница умер. 26 апреля 1972 года новый человек встал с колен. Как рассказывает Чарли: «Я не слышал колоколов или чего-то подобного, но сразу понял, что спасён!»

Подойдя к кухонному столу, Чарли сломал пломбу на бутылке виски и вылил его в раковину. Он сделал то же самое с шестью банками пива. С того дня и по сей день он больше не выпил ни капли алкоголя.

В следующее воскресенье Чарли и его дети пришли в нашу церковь. Люди из Библейской церкви Кармайкл откликнулись на просьбу Руди молиться за этого алкоголика. Когда Руди поделился своей просьбой о молитве за Чарли, я помню, как подумала: «Бедняга, у него столько детей и нет жены». В результате я искренне молилась за него, даже не предполагая, что Бог готовит что-то особенное для меня лично!

Сегодня я могу сказать от всего сердца, что Бог оставил самое лучшее напоследок! Жизнь с Чарли Таком удовлетворила все мои нужды как женщины. Он стал всем, что я могла бы пожелать, и даже больше. Мы скоро будем отмечать нашу 52-ю годовщину (29 сентября 2024 года), и я не могла бы быть счастливее.

ЛОВЦЫ ЧЕЛОВЕКОВ

Я рада, что Чак-пьяница умер. Этот новый человек, Чарли Так, является живым доказательством силы Евангелия Иисуса Христа. К тому же... как я всегда говорю, рассказывая людям о моем Чарли: «Нет ничего лучше, чем спасённый алкоголик!»

Молитва на сегодня

Дорогой Господь,

Как я могла когда-то сомневаться в Твоей доброте? Когда я думаю обо всех способах, которыми Ты благословляешь меня, я просто в восторге. Спасибо Тебе, Господь, за моего дорогого мужа, моих детей, моих друзей и моё здоровье. Твои благословения бесчисленны, Господь. Когда у меня было мало веры, Твоя верность одерживала верх. Когда у меня не было надежды, Ты явил мне Себя как Бога надежды. Позволь мне прожить этот день и все дни, которые впереди, Господь, с благодарным сердцем.

Во имя Иисуса,
Аминь.

Рис. 108 – Чарли и Джерри Так

Фото сделано пастором Гэри Уокером

Рис. 109 – Чарли и Джерри плюс их 8 детей

Рис. 110 – Джерри и Чарли в день своей свадьбы

Глава девятнадцать
ОБЛАКО СВИДЕТЕЛЕЙ

*«... посему и Бог не стыдится их,
называя Себя их Богом:
ибо Он приготовил им город».
Евреям 11:16*

Фотография Стефани стоит у меня на столе, её тёплая улыбка словно обращена ко мне. Каштановые волосы аккуратно убраны назад, идеальный овал лица, безупречная кожа и пронзительные голубые глаза, о которых модели могли бы только мечтать. Дорогая, дорогая Стефани. Я до сих пор ощущаю её объятия и слышу её живой смех.

Мы встретились впервые, когда ей было всего лишь десять или одиннадцать лет. Она, две ее младшие сестры и «мама с папой» пришли в мой офис в поисках дома. Сидя чинно и аккуратно на офисном стуле, Стефани с нетерпением смотрела на меня, пока её «родители» объясняли свою ситуацию.

Рис. 111 – Добро пожаловать в Недвижимость Така

Мужчина, дальнобойщик, был крупным и довольно молчаливым, в то время как женщина, миниатюрная блондинка, вела большую часть разговора. Они жили в Уорнер Робинс, военном городке примерно в двадцати пяти милях

ЛОВЦЫ ЧЕЛОВЕКОВ

к северу от нас. Они хотели уехать от суеты большого города и перебраться в городок поменьше. Могла ли я чем-то им помочь?

Я показала им много домов по всему Кокрану, после чего они остановились на скромном деревянном доме всего в нескольких милях к югу от города. Казалось, это было идеальное место. Три спальни, большая кухня и достаточно земли, чтобы разбить сад. Жизнь была прекрасна. Или всё-таки нет?

Рис. 112 – Стефани и ее тамбурин

Когда мы закончили с документами, я обратилась к девочкам, пытаясь познакомиться с ними. Меня так и влекла эта маленькая брюнетка с большими голубыми глазами. Задавая девочкам вопросы, я заметила, что их «мама» все время отвечает за них. Они, казалось, неохотно участвовали в разговоре и явно держались тихо. Вскоре я узнала, что две девочки приёмные, и Стефани – одна из них.

В ходе нашего разговора я узнала, что Стефани довольно активно участвовала в жизни церкви Армия Спасения в Уорнер Робинс. Когда я напрямую спросила её об этом, она покраснела и сказала, что играла там на тамбурине и очень будет скучать по своим занятиям.

Подхватив эту информацию, я пригласила их всех посетить нашу церковь. Продолжая улыбаться, но выглядя немного смущённой тем, в каком направлении пошёл разговор, женщина сказала, что они свяжутся со мной по этому поводу позже. (На данный момент они искали только дом... не религию.)

Прошли недели, и от новых жителей Кокрана не было ни слуху ни духу. Я уже начала думать, что больше никогда их не увижу. Каково же было моё удивление, когда однажды утром мне позвонили с просьбой взять Стефани и её сестру с собой в церковь. Я была в восторге. Ведь эта девочка с большими голубыми глазами, каштановыми волосами и застенчивыми манерой так запала мне в сердце. Мне не терпелось снова её увидеть!

Вскоре походы в церковь с семьёй Таков стали для Стефани и её младшей сестры регулярным воскресным событием. Недели превращались в месяцы, затем в годы, и лишь тогда мы начали осознавать, каким бесценным сокровищем была Стефани.

Я верю, что время от времени Бог посылает в нашу жизнь особые сокровища, чтобы дать нам почувствовать Его безмерную любовь и заботу. Мы так много слышим о голодающих детях в Индии, о беспомощном положении эфиопов, о беспризорных и подвергающихся насилию детях в Таиланде... но прямо здесь, в Америке, тоже есть дети, ставшие жертвами обстоятельств. Они не просили прийти в этот мир, но они здесь... в столь трагических ситуациях.

Стефани была таким ребёнком.

Она не знала, кто её настоящий отец. В результате странного стечения обстоятельств Бафф стал её законным опекуном. Настоящая мама Стефани жила то с одним мужчиной, то с другим. Однажды она переехала к Баффу. Стефани и её младшая сестра научились не задавать матери вопросов. Вместо этого под одеялом ночью они обсуждали, надолго ли Бафф останется с ними.

ЛОВЦЫ ЧЕЛОВЕКОВ

Дела начали налаживаться. Бафф, несмотря на все свою грубость, заботился о девочках и искренне любил их мать. Вскоре состоялась свадьба, и разговоры под одеялом превратились в хихиканье и мечты о лучших днях впереди.

Юридическая опека, казалось, скрепила их как семью. Но для того, чтобы укрепить отношения, нужно больше, чем просто бумажка. Мать Стефани вскоре вернулась к своим старым привычкам, и однажды она оставила Баффа, забрав с собой своих девочек.

Пришло время начинать всё заново.

Постоянное давление домашней жизни начало сказываться на Стефани. Она начала отставать в учёбе... потом ещё больше. Единственной отдушиной в её жизни была любовь и доброта людей в форме Армии Спасения. Вдохновлённая их вниманием, она начала играть на тамбурине. Когда взрослые люди из общины начали поддерживать Стефани, она начала расцветать. Вскоре Иисус занял самую важную часть в её жизни, и она начала понимать: какой бы хаотичной ни казалась ситуации, Он никогда не покинет и не оставит её.

Тогда случилось немыслимое.

Матери Стефани оказалось не под силу продолжать полюбившийся аморальный образ жизни, ей мешали дети. И однажды она собрала два пакета с продуктами и одеждой и позвонила в дверь Баффа. «Я больше не могу с ними справляться, — заявила она с безразличным видом. — У тебя есть юридическая опека, так что я отдаю их тебе». Прежде чем он смог произнести хоть слово, она развернулась на каблуках, вскочила в свою машину и умчалась в ночь.

Рис. 113 – «Необработанный алмаз» и он был шераховатый

На тот момент Бафф уже жил с другой женщиной по имени Рози. И вот тогда то они и пришли в мой офис в поисках дома. Ни Бафф, ни Рози не были девочкам кровными родственниками, но они приняли их в свой дом и свою семью. Наша церковь восполнила недостающее и поддерживала девочек в последующие после покупки дома годы.

По мере того как Стефани продолжала расти в Господе, мысли о ее настоящей матери и других членах ее семьи продолжали беспокоить ее сердце. Страсть Стефани к потерянным душам, будь то друзья или родственники, была очевидна для всех. Её горячее желание угождать Господу во всех сферах жизни выделяло её среди других. Она действительно была «необработанным алмазом».

Однажды вечером, отвозя её домой после церкви, я заметила, что она была сильно расстроена. «Что случилось, дорогая?» — спросила я с беспокойством.

«Я просто боюсь», — сказала она, опустив голову.

«Чего ты боишься?», — спросила я.

«Я не знаю, куда мне идти — вырвалось у неё. — Рози и Бафф разводятся, и они сказали, что не могут меня оставить». У нее на глазах появились слезы, и она продолжила: «Мне так страшно».

Чарли и я просто посмотрели друг на друга: «Стефани, тебе не нужно бояться. Ты просто переедешь жить к нам!»

ЛОВЦЫ ЧЕЛОВЕКОВ

Вытирая слёзы, она спросила: «Правда?»

«Конечно, — ответила я с улыбкой. — Мы не позволим тебе жить на улице. Я пойду домой вместе с тобой, и поговорю с Рози. Я уверена, что она согласится».

Так и случилось. Рози извинилась за ситуацию: «Я не могу продолжать заботиться о Стефани вместе со всеми остальными детьми, включая её сестру». Я все поняла.

В течении следующих нескольких лет Стефани успела пожить у многих людей. На самом деле, пока она жила с нами, она узнала, кто её настоящий отец. Те еще чувства! Мы все были так счастливы, как будто вместе с ней нашли свои корни.

Летом она навестила свою вновь обретенную семью в Пенсильвании. Её отец очень хотел, чтобы Стефани осталась с ними навсегда. И хотя предложение было заманчивым, Стефани не собиралась покидать Джорджию.

Рис. 114 – Господь забрал драгоценную Стефани

— Мисс Джерри, если я перееду туда, кто позаботиться о моей маме? Мне нужно остаться здесь, чтобы поддерживать с ней связь. Никто не позаботится о моей маме, так как я. Никто не расскажет ей об Иисусе.

В последние годы школы Стефани жила рядом со своей мамой. Все стало меняться. Мама Стефани разглядела Иисуса в этой особенной девочке, и её некогда зачерствевшее сердце начало отзываться на Евангелие. Стефани была в восторге.

После окончания школы она начала встречаться с молодым студентом из семинарии. Вскоре была объявлена помолвка. Жизнь не могла быть чудесней. Мама Стефани становилась всё ближе к Господу, а Стефани собиралась стать женой пастора. Бог так благ.

Затем однажды раздался звонок.

По дороге на работу Стефани начала обгонять грузовик с брёвнами. Поняв, что неправильно оценила расстояние, она нажала на тормоза, чтобы вернуться в свою полосу за грузовиком. Одно из брёвен задело её машину, вытолкнув её на встречную полосу.

Смерть была мгновенной.

Когда Рози рассказала о случившемся, я находилась в полном шоке. Я не могла в это поверить. «Я подумала, что вам хотелось бы знать об этом», — сказала Рози. Онемев, я повесила трубку, поблагодарив её за заботу. Затем я пошла в ванную и меня стошнило.

О, Господь, только не Стефани!

Рис. 115 – Стефани затронула так много жизней

На похоронах множество родственников заполнили почти дюжину скамей. Когда я смотрела на толпу кузенов, тёток и дядь, я думала: «Где вы были все эти годы, когда Стефани так в вас нуждалась?»

Церковь была заполнена под завязку. Мужчина, за

которого она собиралась выйти замуж, сидел в первом ряду. Какие мысли кружились у него в голове? Он планировал стать пастором, и жизнь казалась безоблачной до этой ужасной аварии. Я сидела там и молилась за него.

Затем люди по очереди начали говорить что-то в память о Стефани. Она затронула жизни многих своим добрым христианским свидетельством.

Один из выступающих рассказал, насколько Стефани благословила их семью. «Стефани жила с нами всего несколько коротких месяцев, — сказал он. — Ее жизнь благословила нас больше, чем могут выразить слова».

После этих слов у меня в голове начала крутиться мысль: «Сколько людей имели счастье принимать Стефани у себя дома?» Казалось, не было конца тому свету, которым она делилась с другими.

Выступающий дальше рассказал, как его жена, учительница начальных классов, поставила в своем классе банку с коконом. Когда учебный год закончился, кокон не изменился, и, не желая его выбрасывать, она принесла его домой. «Однажды утром мы увидели, что

Рис. 116 – Тамбурин и бабочки

кокон шевелится. Мы наблюдали, как насекомое боролось и затем выбралось, и увидели, как оно улетело, — сдерживая слезы, он продолжил — Позже тем же утром нас известили, что Стефани погибла... нет, – задумался он, – она улетела. Теперь у Стефани есть постоянный дом, и мы, те кто имел счастье знать её, навсегда изменились».

Я плакала всю дорогу домой. С тех пор минуло несколько лет, и я задавала себе вопрос: «Почему?» Да, многие из её родственников стали христианами. В похоронном зале девять членов её семьи приняли Христа. Ещё больше людей откликнулось в день её похорон.

Сегодня, глядя на её фотографию, я пытаюсь разглядеть хоть какой-то смысл в её смерти, и единственное объяснение, с которым я могу смириться, это то, что Стефани была настолько драгоценна для Иисуса, что Он хотел, чтобы она распространяла своё сияние и играла на своём радостном тамбурине перед всеми небесными созданиями, и поэтому Он принял решение. Он позвал её домой.

Но даже зная это, я всё равно скучаю по тебе, Стефани. Мы все скучаем по тебе.

ЛОВЦЫ ЧЕЛОВЕКОВ

Молитва на сегодня

Дорогой Господь,

Некоторые друзья приходят в нашу жизнь лишь на короткое время, но их жизни оставляют неизгладимый след в наших сердцах. Спасибо, что Ты заботишься обо всех детях, которых считают «потерянными», таких как Стефани. Господь, сегодня мой офис — это Твой офис. Когда люди входят, дай мне возможность быстро произнести молитву. Они могут быть в моей жизни всего на короткое время, но, возможно, как и Стефани, они благословят меня более, чем я могу себе представить. Помоги мне быть светом, как она, Господь, заботясь о других больше, чем о себе. Пусть у меня всегда будет улыбка, доброе слово, даже когда мне больно. И всегда, Господь, пусть я указываю им на Тебя.

Во имя Иисуса,

Аминь.

«...наг я вышел из чрева матери моей, наг и возвращусь. Господь дал, Господь и взял; да будет имя Господне благословенно! Во всем этом не согрешил Иов и не произнес ничего неразумного о Боге».
— Иов. 1:21-22

Глава двадцатая

СИЛЬНЫЙ ДЛЯ ЦАРСТВА

«И явился ему Ангел Господень и сказал ему: Господь с тобою, муж сильный!»
Судий 6:12

Однажды я вернулась в свой офис недвижимости и проверила сообщения на автоответчике. Женский голос поприветствовал меня, и, не назвав своего имени, попросил перезвонить по указанному номеру. Когда я перезвонила, она сразу же сказала, что не звонила в Так Риэлти.

Шутливо я спросила: «Ну ладно, а дом вы купить не хотите?»

Её ответ был так же шутливым: «Нет! А вы не хотите мне его подарить?» Затем она спросила: «Джерри, ты знаешь, кто я?»

Рис. 117 – Центральный отдел Исправительного центра для лиц на испытательном сроке, Кэдвелл

Узнав её девичью фамилию, я разговорилась с ней, что в конечном итоге привело к тому, что Чарли и я начали совместное служение в Кэдвелле, штат Джорджия, в Центральном отделе Исправительного центра для лиц на испытательном сроке, где Кей Стивенсон была заместителем начальника.

В общей сложности мы несли служение в этом учреждении четырнадцать лет, пока сокращение бюджета в нашем штате не привело к закрытию этого центра, как впрочем и многих других по всему штату Джорджия.

Когда Кей перевели в Исправительный центр Блекли в 2004 году, она позвонила и попросила организовать группу добровольцев, которые могли бы нести служение в новом учреждении в Кокране, где она теперь работала.

Рис. 118 – Тюремный охранник сержант/пастор Элстон Вутен

Девять лет спустя, в 2013 году, один из офицеров Исправительного центра Блекли однажды остановил меня и спросил, ни помню ли я его со времен когда мы еще служили в Исправительном центре в Кэдвелле. Затем он рассказал мне одну из самых вдохновляющих историй за всю мою «рыболовецкую» карьеру.

Сержант Элстон Вутен поделился со мной, что как раз во время нашего служения в Кэдвелле как-то раз в тюремной библиотеке он нашёл мою книгу «Ловцы человеков» (первое издание). С широкой улыбкой на лице он сказал: «Я прочел твою книгу, и теперь я пастор». Я была ошеломлена.

«Теперь позволь мне уточнить, — сказала я. — Ты прочел мою книгу и теперь ты пастор?»

«Да, верно, — ответил он с улыбкой. — Я прочел твою книгу, обрел спасение, и теперь я пастор».

«Подожди-ка. Ты обрел спасение?» — я едва могла поверить своим ушам.

С тех пор, каждый раз, когда Элстон видел меня, он называл меня мамой. Много раз, после этого возобновления нашей дружбы, он приходил на мои встречи в Кокране и говорил женщинам: «Теперь слушайте её. Это моя мама, и она укажет вам верный путь.»

Сержанта Элстона Вутена назвали в честь бейсболиста Элстона Ховарда (первого чернокожего игрока, принятого в клуб «Нью-Йорк Янки» в 1955 году).

Когда Элстону было всего четыре года, его мать скончалась. Вскоре после этого ушёл его отец, оставив Элстона и шестерых старших сестёр самих заботиться о себе. Однако любящая 75-летняя бабушка приняла их всех в свой дом и в свое сердце и воспитала их во

Рис. 119 – Пастор Вутен назван в честь Элстона Ховарда

славу Божью.

В церкви, куда они ходили была традиция: на День матери дети, чьи мамы были живы, держали красную розу, а те, чьи мамы умерли, держали белую розу. Когда Элстон смотрел вокруг на детей с красными розами, он чувствовал себя лишним и задавался вопросом, где его мать. Его начало преследовать ощущение, что жизнь несправедлива.

Можно сказать, что в те времена у Элстона были «наТянутые отношения» с бабушкой. Его бабушка «тянула» всех своих внуков в церковь каждый раз, как только открывалась дверь.

Когда ему исполнилось семнадцать, Элстон вступил в Национальную гвардию. Он не мог дождаться, когда станет независимым, и пообещал себе, что больше никогда не переступит порога церкви, но у Бога были другие планы.

Жизнь подготовила для Вутена множество приключений, включая его полное посвящение Богу. Господь ответил на бабушкины молитвы самым удивительным образом.

Работая охранником в Центральном отделе Исправительного центра для лиц на испытательном сроке, Элстон наблюдал за нами с Чарли, а также за другими волонтёрами, которые несли служение заключённым.

Один раз в месяц мы проводили там изучение Библии. Помимо этого, еще один раз в месяц мы приходили и показывали фильм. В качестве особого вознаграждения в вечер кинопоказа мы угощали мужчин закусками. Элстон думал про себя: «Какие дураки! Разве они не понимают, что эти парни приходят только за едой, которую им раздают?» Он не догадывался, что еда была лишь «наживкой», которую мы использовали, чтобы поймать этих людей как рыбу!

СИЛЬНЫЙ ДЛЯ ЦАРСТВА

Во время своей работы в Кэдвелле Элстон обнаружил мою книгу в библиотеке для заключенных. Его сердце было тронуто историями, которые я описала в этой книге. В конце книги была молитва для обретения спасения. Элстон произнёс эту молитву, и, сделав это, он навсегда изменил свою жизнь. Я ничего не знала об этом, пока в тот день в 2013 году он не остановил меня и не поделился своей историей.

Работая в Исправительном центре в Кэдвелле, Элстон продолжал выполнять свои обязанности и в Национальной гвардии. Когда началась война в Боснии, его направили туда. У него было много возможностей поделиться своей верой в этой далекой стране, и он поделился ей даже с группой мусульман из Либерии.

С гордостью нося золотое распятие, Элстон рассказывал мусульманам о живом Спасителе, который любит их и умер за них. Он не боялся за свою жизнь и был бесстрашен ради своего Бога.

Рис. 120 – Джерри поймала большую рыбу – Элстона Вутена

Опыт Элстона в раздираемой войной Боснии и Герцеговине заставил его осознать, как коротка жизнь. Он был более решителен, чем когда-либо в своей жизни, стараясь компенсировать потеряное время, которое он мог бы потратить на служение своему Господу.

Когда он завершил свою службу, он удвоил свои усилия по изучению Библии, записавшись на курсы в семинарию. Вскоре Бог призвал его в качестве пастора в небольшой городок в округе Лоренс, штата Джорджия.

ЛОВЦЫ ЧЕЛОВЕКОВ

Мы не часто слышим о небольшом городке Кэдвелл в штате Джорджия с населением чуть более четырёхсот человек, но благодаря Элстону там есть процветающая церковь под названием Центр Христианского Общения Кэдвелла (CCFC).

Около пяти лет назад Элстон почувствовал призыв вернуться в свою родную церковь в Чонси, штат Джорджия. Перед тем как уйти, он убедился, что церковь в Кэдвелле осталась в надежных руках. Сегодня там служат несколько пасторов, которые заботятся о все возрастающей пастве; все это стало возможным благодаря одному человеку, который был решительно настроен что-то изменить.

Баптистская церковь Харпер Чапел в Чонси, штат Джорджия, была основана более ста лет назад одним из родственников Элстона. Когда Элстон стал во главе этой общины, это был первый случай в истории церкви со времени смерти его прадеда, когда его кровный родственник стал пастором. Его бабушка гордилась бы им!

После того как Элстон поделился со мной своим опытом спасения, я пригласила его к нам домой, чтобы он рассказал нашей группе по изучению Библии о том, как Бог действует в его жизни. В сентябре 2013 года Элстон пришёл и вдохновил всех присутствующих, поделившись своим личным свидетельством.

Узнав, что он будет делиться своим свидетельством в день своего рождения, я заказала для него торт. Мы прекрасно провели время в общении, радуясь вместе с ним тому, что у него был ещё один год, чтобы служить Господу.

В своём свидетельстве Элстон рассказал, что перенёс сердечный приступ. Он сказал, что сильно молился, когда его готовили к операции на открытом сердце. Его молитвы были услышаны. Вместо пугающей операции они смогли использовать стенты, чтобы исправить его проблему.

Элстон сказал, что он был в сознании на протяжении всей процедуры. Хотя он и был под снотворными препаратами, он все же находился в сознании, это называется «пограничным состоянием», когда он был как бы в полусне.

Рис. 121 – С днем рождения, Элстон – мы любим тебя!

Элстон сказал: «Я прославлял Бога на протяжении всей операции».

После этого Элстон извинился за то, что вслух прославлял Бога, но врач ответил: «Нет, не извиняйтесь! Это помогло мне провести операцию».

22 июня 2015 года, во время дежурства в Исправительном центре Блекли сержанта Элстона Вутена настиг фатальный сердечный приступ. Один из сотрудников увидел его сидящим на скамейке за столиком для пикника, радио лежало на земле. Когда офицер подошёл к нему, стало очевидно, что он скончался.

Когда люди в нашей группе по изучению Библии узнали о том, что Элстон ушёл в небесную славу, они были так же шокированы, как и я. Было трудно поверить, что этот великий Божий человек покинул эту жизнь в возрасте всего пятидесяти трёх лет. Его коллеги, волонтёры служения, а также те, кто находился в заключении, очень высоко ценили этого офицера с мягким голосом. Все знали, что Элстон жил своей верой, будь то проповедь с кафедры или проявление любви и доброты к тем, кто был под его опекой.

ЛОВЦЫ ЧЕЛОВЕКОВ

Мы с мужем посетили Торжественное Празднование Жизни Пастора Элстона Вутена. Церковь была переполнена членами семьи и друзьями. Заполнены были не только скамейки и дополнительные стулья, люди также стояли вдоль стен и даже посреди центрального прохода. Всем было очевидно, что пастора Вутена любили!

Когда хор пел, а люди делились свидетельствами, похоронная служба больше напоминала старое доброе собрание пробуждения. Для тех из нас, кто любил его, жизнь Элстона была слишком короткой, но его влияние было и всегда будет могучим. На самом деле, в конце службы пастор Перли Хадсон сделал призыв к алтарю, и среди тех, кто был спасён, оказался один из коллег Элстона из Исправительного центра Блекли.

«Хорошо, добрый и верный раб! в малом ты был верен, над многим тебя поставлю; войди в радость Господина твоего» (Матфея 25:21).

Молитва на сегодня

Дорогой Господь,
Даже если я не вижу результатов своих рыболовных усилий, помоги мне продолжать не смотря ни на что. Помоги мне осознавать то, что не важно, относятся ли люди критично к моей работе ради Твоей славы, потому что кто знает? Может быть, не исключено, что кто-то будет привлечён к Тебе благодаря моим усилиям.

И я просто хочу сказать спасибо, Господь, за то, что я имела честь знать Элстона Вутена. Если бы он не остановил меня в тот день в Исправительном центре, я бы никогда не узнала обо всех тех переменах в его жизни, которые произошли благодаря тому, что я написала в своей маленькой книге. Я думала, что вылавливаю тех, кто находится в заключении, но Твой план был лучше моего, он охватывал и работников учреждений, где мы несли свое служение. Спасибо Тебе, Господь.

Во имя Иисуса,
Аминь.

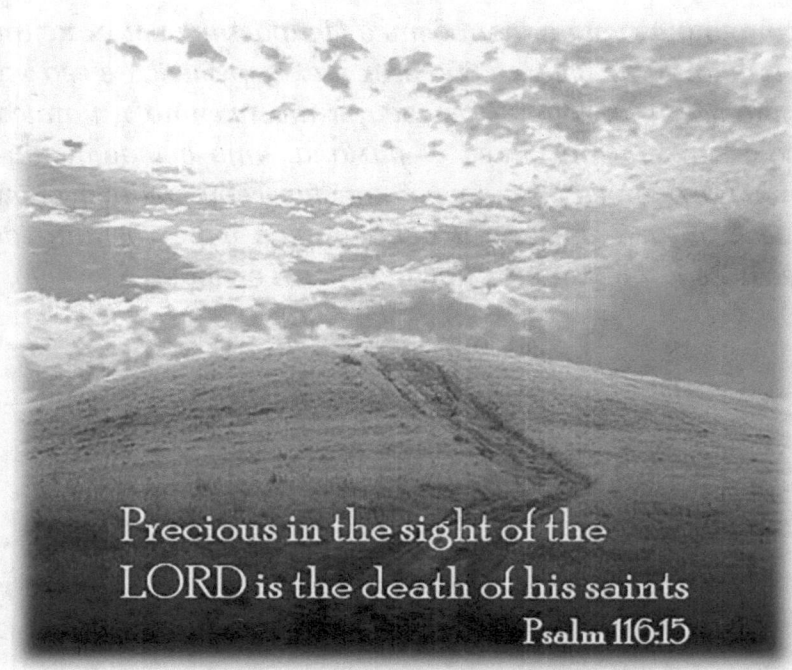

Рис. 122 – Драгоценны в Его глазах...

Глава двадцать первая
БЛУДНАЯ ДОЧЬ

«А отец сказал рабам своим: "принесите лучшую одежду и оденьте его, и дайте перстень на руку его и обувь на ноги; и приведите откормленного теленка, и заколите; станем есть и веселиться! Ибо этот сын мой был мертв и ожил, пропадал и нашелся". И начали веселиться».
Луки 15:22-24

Когда я открыла входную дверь, человек, которого я думала никогда больше не увижу, поразил меня своим приветствием. «Привет, мам, — произнесла молодая женщина. —Я подумала, что тебе будет интересно узнать, какой я стала».

Рис. 123 – Шерил теперь с Господом

ЛОВЦЫ ЧЕЛОВЕКОВ

С широкой улыбкой на лице, передо мной стояла молодая женщина, которую я не видела восемнадцать лет. До меня доходили слухи об её жизни за эти прошедшие годы, и они были весьма тревожными, но ничто не могло подготовить меня к истории, которую она собиралась мне поведать.

В 1984 году мне позвонил человек, которого мы все называли брат Пердью. Он был верным слугой Господа и активно занимался тюремным служением. Однажды я заменяла его, когда он был болен, но этим наша дружба и ограничилась.

Рис. 124 – Да, Шерил в тюрьме в Хокинсвилле

«Миссис Так, — начал он неуверенно, — я даже не знаю, как и просить вас о таком, но у меня есть дочь, которая сейчас находится в тюрьме в Хокинсвилле. Моя жена категорически против того, чтобы она снова жила с нами. Мы воспитываем её маленького сына Билли, но Элис считает, что не сможет принять её обратно домой. Ей некуда идти. Кто-то сказал мне, что вы помогаете людям, принимая их у себя. У вас есть возможность помочь моей дочери?»

Я сразу поняла, что брат Пердью был крайне расстроен, потому что, несмотря на все многолетния блуждания его дочери, он любил её и всё ещё надеялся, что однажды она вернётся в лоно семьи, как блудный сын из Библии, который пришёл в себя, осознав, что оказался в свинарнике по собственной вине.

Шесть месяцев Шерил жила с нами, и мы водили её в церковь, рассказывая о Христе при каждом удобном случае, но казалось, что ничего не проникает глубоко в её сердце. Мы знали, что у Шерил были проблемы, и одной из самых серьёзных её проблем было мошенничество. Её тюремные сроки были результатом подделки чеков.

Однажды я пришла домой, а Шерил уже уехала. Никакой записки, никаких прощаний — ничего. Разумеется, первым делом я пошла в свой кабинет, чтобы убедиться, что все мои чеки на месте. Они были на месте.

Я позвонила её отцу и рассказала ему, что произошло. Он тяжело и печально вздохнул и сказал, что они будут молиться за неё. Множество людей продолжало молиться за эту блудную молодую женщину.

Шерил выросла в церкви. Если кто и знал, как нужно жить правильно, так это Шерил. Её с детства верно учили Слову Божьему, и её родители жили благочестиво у неё на глазах. Но как-то враг её души получил над ней власть и не хотел её отпускать.

В конце концов, Шерил оказалась в тюрьме за мошенничество. Для неё это было дном. Находясь вдали от родителей и от нас, Шерил снова забеременела. В тюрьме она родила девочку. В жизни Шерил происходили большие изменения.

Во время своего пребывания в тюрьме она сдала тест на IQ и набрала такой высокий балл, что сотрудники побудили ее получить образование. Перед тем как попасть в тюрьму, Шерил посещала Технический колледж в Мэйконе и получила сертификат о его окончании в области бухгалтерии. Многие из её учебных кредитов были признаны Военным колледжем Джорджии.

Жизнь в тюрьме была насыщенной для Шерил. Два вечера в неделю она посещала курсы в Военном колледже Джорджии, а днём училась в Техническом колледже в Мэйконе. Шерил была полна решимости изменить свою жизнь.

ЛОВЦЫ ЧЕЛОВЕКОВ

Рис. 125 – Пока в тюрьме – славя Господа

Она справлялась так хорошо, что её выбрали для работы в кабинете начальника тюрьмы.

В конечном итоге Шерил получила степень в области бизнеса в Военном колледже Джорджии, а после освобождения продолжила обучение в Техническом колледже в Мэйконе, получив диплом о завершении курса в области бухгалтерского учёта и административного обучения.

Как будто тюремного расписания ей было не достаточно, Шерил также посещала христианские службы, проводимые для заключённых. Ей особенно нравилась женская группа Аглоу. Именно там она познакомилась с женщиной по имени Доррис Браун.

Доррис просто излучала Христа, и Шерил знала, что может доверять этой женщине. Однажды она попросила Доррис встретиться с ней наедине в офисе капеллана. Встреча была организована. Она рассказала Доррис, что хочет служить Господу, и призналась, что знает, что внутри неё что-то ужасно не так.

Хотя Шерил была приговорена за преступление связанное с подделкой документов, она искренне не могла вспомнить половину из того, за что её осудили. Шерил сказала: «Я не хотела и дальше поступать так. Я причиняла боль своей семье и всем, кто любил и заботился обо мне».

Блудная дочь возвращалась домой.

Когда Доррис слушала историю Шерил, стало очевидно, что у Шерил есть сверхъестественный враг, который действует в её жизни. В этот момент Доррис тихо и спокойно, но с властью, обратилась к демонической силе, захватившей жизнь Шерил.

Рис. 126 – Женская тюрьма

«Она не кричала и не вопила, но использовала данную ей Богом власть и изгнала из меня демона подделки, — сказала Шерил. — Я знала, что свободна».

Когда Шерил освободили из тюрьмы, она получила опеку над своей маленькой дочерью, и начала новую для них жизнь в районе Атланты. Она устроилась на работу бухгалтером, начала посещать церковь и какое-то время всё шло довольно хорошо.

Она вела тяжелую борьбу за то, чтобы оставаться рядом с Господом. Быть мамой-одиночкой было нелегко, и были времена неудач, тогда Шерил вспоминала о благости Бога, Его милости и благодати.

Снова и снова процесс повторялся: служение Богу, разочарование, падение и затем возвращение к служению Господу. Она ярко помнит, когда в её жизни произошёл настоящий поворот к лучшему. «Однажды в церкви позвали к алтарю, я вышла вперёд и встала на колени перед Господом. Я находилась там довольно долго, и вдруг я услышала явный голос Бога: "Если ты не отдашь Мне себя сегодня же ночью, Я больше не буду работать с тобой." Я знала, что это либо сейчас, либо никогда».

Рис. 127 – Краткосрочные миссии для Шерил

Когда Шерил делилась этими переживаниями со мной, мне оставалось лишь вознести своё сердце к Небу и поблагодарить Бога за то, что Он услышал молитвы её папы. Её отец никогда не переставал верить в неё, впрочем как и те из нас, кто нес ей служение.

И теперь вот она, сидит у меня дома и рассказывает, как Бог не только освободил её от «демона непокрытых чеков», но и как она стала членом группы прославления у себя в церкви и планирует короткие миссионерские поездки.

Начиная с 2001 года у Шерил состоялось десять краткосрочных миссионерских поездк в столицу Бельгии, город Брюссель, и один раз ей даже выпала честь служить там целый год. К тому времени её отец уже ушёл к Господу. Я знаю, что он очень гордился бы своей дочерью, если бы мог видеть её сейчас.

Оба её ребёнка уже повзрослели и обзавелись собственными детьми. Шерил наконец-то освободилась как от физической, так и от духовной тюрьмы, в которой она так долго страдала.

Шерил по-прежнему называет меня и Чарли мамой и папой. Это честь, к которой мы не относимся легкомысленно, особенно учитывая, что её собственные мама и папа ушли на Небеса. Мы рады быть частью её семьи, которая оказывает ей финансовую поддержку, и мы знаем, что каждый раз, когда она уезжает в Бельгию, церковь в Бельгии обогащается благодаря её служению.

Я надеюсь, что еще не раз ко мне в дверь постучит кто-то, кому мы служили, а потом чувствовали себя полными неудачниками, видя как они принимают неверные решения. День, когда Шерил ушла, был для нас ужасно печальным, но когда я вдруг услышала ее голос: «Привет, мама. Я подумала, что тебе будет интересно узнать, какой я стала», это окупило весь труд любви, вложенный в Шерил... блудная дочь наконец-то вернулась домой.

Молитва на сегодня

Дорогой Господь,

Я знаю, что существует множество людей, которые подобно Шерил, оказались в свинарнике. Они покинули дом Отца, думая, что им будет лучше идти своим путем. Многие из них продолжают бежать, но за тех, кто на дне, я молюсь, чтобы Ты направил их в мою сторону.

ЛОВЦЫ ЧЕЛОВЕКОВ

Господь, я хочу, чтобы они знали, что Ты не осуждаешь их. Ты не хочешь, чтобы они оставались в грязи. Твое желание — восстановить их и вернуть обратно в Свое лоно. Ты хочешь обнять их и устроить для них праздник. Эта моя дочь была мертва, но теперь жива. Она была потеряна, но теперь нашлась.

Во имя Иисуса,
Аминь

Постскриптум

Трудно поверить, но всего за несколько часов до того, как эта книга была отправлена в печать, раздался телефонный звонок и мне сообщили, что наша дорогая, любимая Шерил ушла к Господу. Это стало настоящим шоком. Всего две недели назад мы с Чарли отправились в Суэйнсборо, штат Джорджия, где Шерил организовала нам встречу с Союзом служителей, чтобы я рассказала им, как провести в их общине Марафон чтения Библии. Небо приобрело еще одну драгоценную жемчужину для венца Господина.

Рис. 128 – Джерри и Шерил на изучении Библии у Джерри

Глава двадцать вторая

СНАЧАЛА ДЖОРДЖИЯ

«В первый год Кира, царя Персидского, во исполнение слова Господня из уст Иееремии, возбудил Господь дух Кира, царя Персидского...»
Езр. 1:1

Когда я впервые обратилась к нашему окружному комиссару Билли Смиту с предложением провести Библейский марафон, он подумал, что я сошла с ума. Конечно, я не знала, что он так думал, пока не наступил вечер открытия нашего Первого ежегодного Библейского марафона в 2004 году. Именно тогда он сказал нескольким сотням людей, что он посчитал Джерри Так сумасшедшей, когда она спросила егс, можно ли провести марафон на ступенях здания суда; и не какой-то обычный марафон, а марафон, посвященный чтению Библии!

Впервые я узнала о Библейском марафоне, когда увидела его рекламу в одном из ежемесячных выпусков духовного наставления от служения «Библейский путь» в городе Мерфрисборо, штат Теннесси. Одним из направлений этого служения была Международная ассоциация чтения Библии (IBRA).

Идея проведения марафона была разработана основателем служения, покойным доктором Джоном А. Хэшем, и основателем организации «Кампус Крусейд для Христа», покойным доктором Биллом Брайтом.

ЛОВЦЫ ЧЕЛОВЕКОВ

Когда президент Джордж Буш-старший провозгласил 1990 год годом международного чтения Библии, доктор Хэш и доктор Брайт объединили свои усилия и решили использовать это как отправную точку для начала марафонов чтения Библии. В том же году один марафон был проведён на ступенях Капитолия в Вашингтоне, округа Колумбия, а другой — на Масличной горе в Иерусалиме, Израиль.

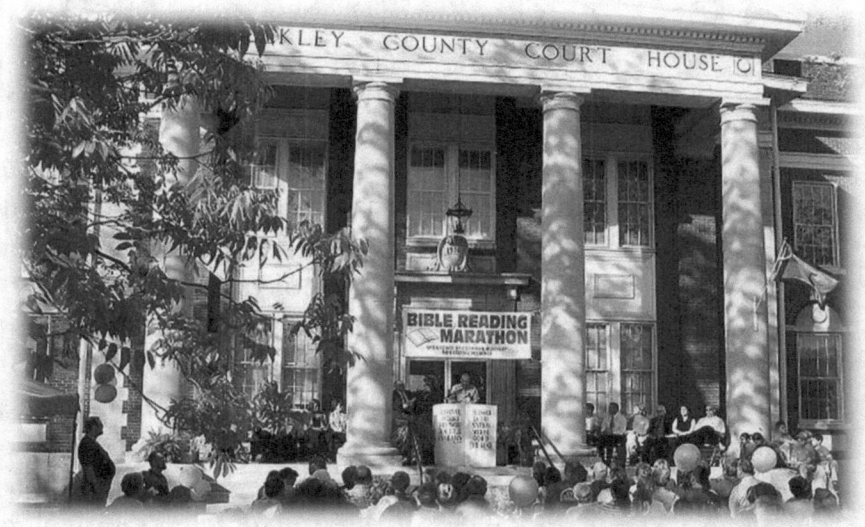

Рис. 129 – Марафон по чтению Библию у здания суда

Меня заинтриговала эта идея, я связалась со служением «Библейский путь» и заказала руководство по проведению марафона. Когда я получила информацию и пролистала её, то решила, что это слишком хлопотно, и сразу выбросила её в мусорное ведро. Я была брокером по недвижимости, у меня и так было больше дел, чем у обычного смертного, как говорится!

Несколько месяцев спустя я читала книгу Ездры в своей Библии и увидела, как Бог побудил сердце царя Кира Персидского позволить пророку Ездре вернуться в Иерусалим. Я снова начала думать о проведении Библейского марафона. Я понимала, что, если это действительно идея от Бога, Он сможет побудить сердца пасторов в нашем маленьком городке помочь мне осуществить это.

Не говоря об этом никому, даже своему мужу, я начала молиться, чтобы Господь побудил сердца пасторов. Это была моя искренняя молитва на протяжении трёх недель. Однажды мне позвонил местный пастор Алан Митчелл из Баптистской церкви Маунт-Калвари.

Рис. 130 – Первый марафон по чтению Библии в Джорджии

Он звонил по поводу недвижемости, которую я выставила на продажу. Я предоставила ему информацию о доме и затем поделилась своей идеей проведения Библейского марафона в Кокране: «Как вы думаете, пастор, это хорошая идея?»

Он был настроен весьма оптимистично по поводу этой идеи. Я была в полном восторге. Несколько дней спустя мы встретились, чтобы посмотреть объект, о котором он спрашивал. Он поделился довольно захватывающей новостью: «Я поговорил с пастором Уином

ЛОВЦЫ ЧЕЛОВЕКОВ

Хатчингсом из Первой Объединённой Методистской церкви. Он президент нашего Альянса служителей Кокран-Блекли, и он хотел бы обсудить это с вами».

Я была на седьмом небе от счастья!

Когда я вернулась домой и сообщила мужу эту новость, он поднял большие пальцы вверх, так я поняла, если это действительно Божий план, всё остальное сложится само собой.

В ночь перед встречей с пастором Хатчингсом Господь разбудил меня около двух часов ночи. Я ясно почувствовала, как Он говорит: «Иди к своему компьютеру».

Я полностью проснулась. Когда я села перед компьютером, Господь снова заговорил: «У пастора Хатчингса будет пять возражений, и вот что они из себя представляют... и вот что ты должна ответить».

Поверьте, когда я говорю, в тот момент мои пальцы просто порхали по клавиатуре. Я распечатала возражения и ответы, положила их в папку и вернулась в постель.

На следующий день, когда я вошла в его церковь, он сидел за столом, скрестив руки на груди. «Ух ты, — подумала я. — Вот тебе и язык тела». Я никогда не встречала этого человека, но он определенно выглядел как крепкий орешек.

Наш разговор прошёл примерно так: «Хорошо. Расскажи-ка мне, что ты хочешь сделать. Пастор Митчелл сказал, что ты хочешь провести чтение Библии на ступенях здания суда».

«Да, сэр, я думаю, это было бы здорово», — рискнула я сказать.

Перебивая меня, он сказал: «А как насчет...», и затем перечислил те самые пять возражений, которые я напечатала прошлой ночью.

Рис. 131 – Округ Блекли – еще один первый!

Я положила свою папку перед ним на стол. Он открыл её, и челюсть у него отвисла. Он внимательно прочитал то, что я напечатала, а затем улыбнулся и сказал: «Хорошо. Когда нам следует начать этот Библейский марафон?»

Когда я встретилась с другими служителями в нашем городе, я сказала им: «Это не должно восприниматься как евангелизационное мероприятие. Это не стоит воспринимать как свидетельство. Это не способ привлечь новых членов церкви. Давайте просто сделаем что-то, что порадует Бога».

Они все поняли!

ЛОВЦЫ ЧЕЛОВЕКОВ

Когда мы получили разрешение на проведение марафона у здания суда, мне оставалось лишь найти желающих, которые будут читать Библию в течение 90 часов.

Когда я поделилась с членами своей церкви тем, что собираюсь сделать, все они улыбнулись и сказали, что это отличная идея, но ни один человек не вызвался добровольцем. Я была крайне расстроена. Вернувшись домой тем вечером, я сказала: «Хорошо, Бог. Если это только ты и я, и мне придётся включить свой магнитофон, я это сделаю!»

Затем раздался телефонный звонок. Мне позвонила Синтия Басби, молодая женщина, которая училась с нашими детьми: «Здравствуйте, миссис Так. Я прочла материал, который вы отправили моему отцу и брату, и я хочу читать на Библейском марафоне». Оба мужчины были пасторами, и они, как и все другие пасторы, получили от меня письма о марафоне.

Я была в восторге. «Отлично, Синтия. Какое ты выбираешь время для своего пятнадцатиминутного чтения?» «Вы не понимаете, — ответила она. — Я хочу читать пять часов. Я только что обрела спасение и действительно увлечена чтением Библии».

Неудивительно, что я разрыдалась, потому что знала, что Бог собирается сделать что-то удивительное через этот марафон.

Накануне марафона я позвонила пастору Хатчингсу и поделилась своим чувством, что нам надо обойти семь раз вокруг здания суда рано утром еще до открытия. К тому времени он уже убедился в том, что я действительно слышу Бога, и спросил: «Кого я должен пригласить?» Я сказала, что оставляю это на его усмотрение.

На следующее утро я начала думать о том, как израильтяне перешли реку Иордан по дороге в обетованную землю, и о том, как они соорудили из камней памятник, посвященный верности Бога в их избавлении.

Я позвонила двум своим девочкам, чтобы узнать, нет ли у них белых камней размером с кулак. Конечно же их не было, но сама идея была действительно от Бога, потому что в 7:30 утра я получила необычно ранний звонок от подруги.

Рис. 132 – Преподобный Хатчингс ведет первый марафон

Я рассказала Барбаре Аллен, что мне нужно, и спросила, есть ли у нее камни. И знаете что? Она только что купила несколько маленьких белых камней размером с кулак для предстоящего детского Библейского лагеря. Она сказала, что встретится со мной у здания суда через тридцать минут.

Когда я ехала к зданию суда, я подумала: «Как было бы здорово, если бы нас было двенадцать человек, марширующих вокруг здания суда!»

ЛОВЦЫ ЧЕЛОВЕКОВ

Когда я приехала, нас было только десять. Я начала думать, что неверно услышала Бога, пока не увидела жену моего пастора, Лауру Уильямс, и Вирджинию, одну из моих

Рис. 133 – Альянс служителей спонсоры Библейского марафона

дочерей, идущих к нам. Мы были готовы, даже несмотря на моросящий дождь.

Когда пастор Хатчингс вел марш, держа зонт, Чарли и я шли под одним зонтом, остальные шли за нами. Когда мы закончили первый круг, к нам подъехал комиссар округа. «Решили прогуляться?» — спросил он пастора Хатчингса.

— Да, сэр, мы действительно решили прогуляться!

К тому времени, когда мы прошли седьмой раз вокруг здания суда, все сотрудники смотрели на нас из окон. Мы были еще тем зрелищем — молчаливо шагающие вокруг здания суда, промокшие до нитки люди.

С благоговением и в то же время с энтузиазмом мы возложили камни у ступеней здания суда и произнесли короткую молитву. Затем пастор Хатчингс сказал: «Думаю, нам всем стоит выйти на тротуар и закричать "Слава Господу" у здания суда». К этому времени те, кто смотрел

Рис. 134 – «Христианский флаг» в Кокране, Джорджия

на нас из здания суда, наверняка подумали, что мы уже выставили себя на посмешище, поэтому мы решили: «Почему бы и нет?» Мы издали мощный крик (как это было в Иерихоне), а затем разошлись кто по домам, а кто на работу.

Тем же вечером наш сенатор штата Росс Толлесон произнес приветственную речь в честь открытия первого из многочисленных ежегодных марафонов чтения Библии. Следуя его примеру с приветственной речью выступали: секретарь штата Джорджии Кэти Кокс, представители штата — Джимми Пердью, Баббер Эппс и Дэнни Мэтис, а также руководители школ округа Блекли Л. С. «Бастер» Эванс, доктор Стив Смит и доктор Шарлотта Пипкин, и другие столь же важные и сознательные члены нашего сообщества.

ЛОВЦЫ ЧЕЛОВЕКОВ

Каждый год чтение начинает самый младший участник марафона, которому под силу прочитать несколько первых стихов из Бытия, а заканчивает чтение последней главы книги Откровения самый пожилой человек.

У нас были те, кто читал Библию на разных языках и диалектах, те, кто пел Священное Писание, в марафоне даже участвовали слепые люди. Ежегодно в мероприятии принимает участие около 350-400 чтецов, а количество участвующих церквей порой достигает тридцати семи.

Наш город был первым в штате Джорджия, который провёл марафон чтения Библии, и как город Кокран, так и округ Блекли разместили эту информацию на знаках при въезде в наши общины.

Еще одним замечательным результатом этого марафона стало поднятие христианского флага. В 2015 году более ста бизнесов вывесили флаг вместе с сотнями частных домов и многими церквями. Мы также распространили более восьмисот христианских флагов в 2015 году. Кто знает, что ждет наше маленькое сообщество в будущем? Вместе мы возвышаем Слово Божье и Крест Иисуса Христа. Ему да будет вся слава, честь и хвала.

Молитва на сегодня

Дорогой Господь,

Спасибо Тебе за то, что Ты дал мне еще один шанс следовать за Тобой. Прости меня за то, что я думала, что Твоя воля для меня будет слишком трудной. Помоги мне всегда осознавать, что куда бы Ты меня ни вел, Ты дашь мне силу, мудрость и ресурсы, чтобы следовать за Тобой. Спасибо за возможность участвовать в марафоне чтения Библии. Да прославится имя Твое, когда мы будем читать Твое Слово со ступеней нашего окружного суда.

Во имя Иисуса,

Аминь.

ЛОВЦЫ ЧЕЛОВЕКОВ

Глава двадцать третья
НЕ В ЭТОЙ ЖИЗНИ

«Бог строит дома для бездомных, ведет узников к свободе...»
Пс. 67:7
(В переводе с английского)

Однажды днём, когда мы с Чарли ехали в центр Кокрана, он заметил вывеску перед зданием Торговой палаты. На ней было написано: «Усыновите или станьте опекунами». Указывая на знак, он решительно заявил: «Не в этой жизни!!»

Нам предстояло узнать, что нужно быть осторожными в том, что мы говорим и о чем молимся. Когда он произнёс это вслух, я в то же время молилась про себя: «Господь, помоги мне стать ответом на чью-то молитву». Мы оба и представить не могли, как скоро наши жизни кардинально изменятся.

Рис. 135 – Никогда не говори «никогда», когда призывает Господь!

Несколько лет назад Линда, одна из наших дочерей, владела и управляла небольшим зоомагазином под названием «Петс плюс». Она любила разных животных, поэтому такая работа очень ей подходила. Линда была общительной и получала удовольствие от взаимодействия с клиентами.

«Мам, — сказала она, — в магазин на днях зашла женщина, она воспитывает четверых внуков, и ей очень нужна помощь. Ты можешь ей помочь?»

«По-моему, раз уж она зашла в твой зоомагазин, тебе и помогать, Линда», — я тут же отвергла любую мысль о еще одном долгосрочном проекте с нуждающейся семьей. Я была занята.

Рис. 136 – Алан остался на 3 недели – начал стричь газоны

Бог, безусловно, знает, как привлечь наше внимание. Та самая бабушка переехала в Джефферсонвилль, где на тот момент мы посещали Церковь Божью Джефферсонвилля. Ну кто бы мог подумать, что эта бабушка начнёт ходить в церковь, расположенную в сорока километрах от Кокрана. Серьёзно, Господь?

Шли месяцы, и бабушка Розмари верно посещала церковь. И вот случилось так, что её старший внук, который был частью её большой семьи, попал в аварию, и ей потребовалась помощь с тремя младшими детьми.

Мы взяли её тринадцатилетнего внука Алана к себе домой на три недели. За это короткое время мы просто влюбились в этого драгоценного подростка. Он был вежливым, послушным и трудолюбивым. Чарли научил его ухаживать за нашими козами, кроликами и курами. Он стриг газоны и в целом помогал с любыми делами на ферме. Ему очень нравилось работать вместе с Чарли.

С того момента мы решили нанять Алана стричь наши газоны. Это была помощь как для нас, так и для него. То немногое, что он зарабатывал у нас и на других подработках, он использовал, чтобы открыть банковский счёт. Я поделилась с ним принципом Темплтона, который заключается в том, чтобы отдавать десять процентов Богу, десять процентов откладывать, а оставшиеся восемьдесят процентов использовать на свои нужды. Со временем количество его заказов по уходу за газонами увеличилось, как и его сбережения в банке.

Спустя несколько лет Розмари вернулась в Кокран и начала посещать «Церковь Бога Новая Жизнь». Она испытывала финансовые трудности, но старалась изо всех сил сохранить свою маленькую семью вместе. Мать Алана боролась с наркотической зависимостью и не могла быть ответственным родителем.

Старший брат, который попал в автокатастрофу, съехал и жил самостоятельно, и Розмари оставалось заботиться о троих младших детях. Дела обстояли не очень, как с финансовой, так и с социальной точки зрения. Алану с его братьями и сёстрами приходилось переезжать много раз из-за нехватки денег. Частая смена школ — это очень тяжкая социальная и психологическая нагрузка для детей. Ситуация становилась всё хуже.

Очень сложно выбирать между оплатой аренды и оплатой коммунальных услуг. Оплата аренды победила, и три недели они жили без электричества. По крайней мере, у них была крыша над головой и еда.

В сложившейся ситуации дедушка Алана принял крайне плохое решение. Хотя его намерения, возможно, и были

ЛОВЦЫ ЧЕЛОВЕКОВ

добрыми (вернуть электричество), но вот способ был определенно неправильным... и опасным.

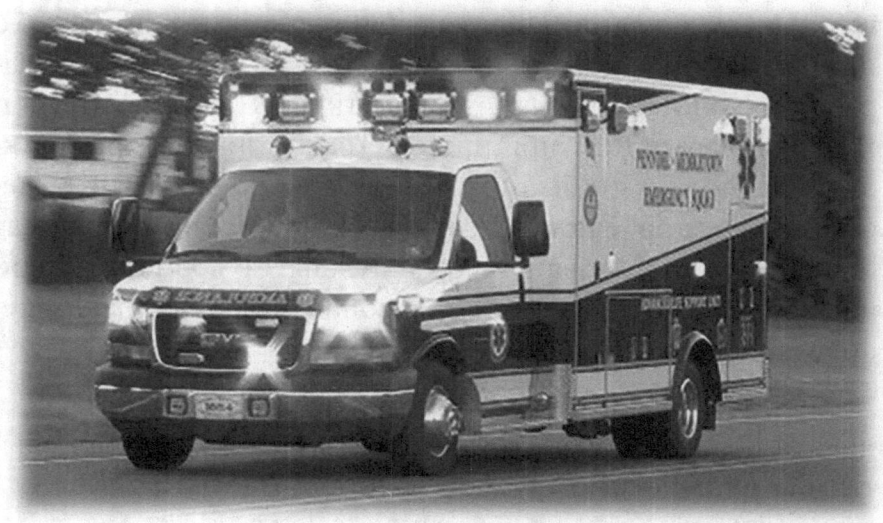

Рис. 137 – Алан и дедушка отправлены в ожоговый центр

Под моросящим дождем он прислонил алюминиевую лестницу к опоре электропередач и попросил Алана держать лестницу крепко, пока он снова подключал электричество. Алан пытался смотреть на него, пока тот поднимался по лестнице, но дождь усиливался, и он вынужден был смотреть вниз на землю.

Внезапная голубая вспышка в долю секунды навсегда изменила жизнь Алана и его деда.

Молния ударила прямо в дедушку, из-за чего он упал с лестницы. Он сломал себе спину, повредил диафрагму и в итоге лишился предплечья. Молния также прошла через ногу Алана, оставив в ней зияющую дыру. Оба были срочно доставлены в Центр ожогов в Огасте.

Дедушка Алана находился в больнице три месяца, на это время Розмари нашла друзей, которые заботились о детях, пока она оставалась рядом с мужем. Затем его неожиданно перевели в дом престарелых и, по их правилам, Розмари уже не могла оставаться рядом с ним. После всего пережитого, вымотанная до предела физически и эмоционально, она почувствовала, что больше не в состоянии заботиться о своих внуках. Ее сердце было разбито, но казалось, что выбора нет.

Алана и его двоих младших братьев забрали оттуда, где за ними присматривали друзья, и передали в Службу по делам семьи и детей штата Джорджия. Они были в смятении, обижены и злы, особенно Алан, который осознавал, что скоро окажется под опекой чужих людей.

И тут появляются пастор Дэвид Холтон и старейшина Дэнни Джойнер из Церкви Бога Новая Жизнь.

Заметьте, их визит состоялся на следующий день после того, как Чарли решительно заявил, что он никогда, «не в этой жизни», не возьмет в семью приемного ребенка.

Пастор начал: «Вы знаете, что произошло с Розмари и ее мужем, да? — Мы кивнули, не зная, к чему ведет разговор. — Так вот, дети очень расстроены, особенно Алан. Мы надеялись, что вы сможете взять его к себе, так как он вас знает и у вас уже есть с ним отношения».

Я посмотрела на Чарли. Он взглянул на меня, затем на пастора Холтона и Дэнни Джойнера, и со вздохом сказал: «Конечно. Мы с радостью возьмем Алана».

Позже я узнала, что у Чарли в голове пронесся флешбек из его детства. Когда он был примерно в возрасте Алана, его родители развелись, и его бабушка с дедом взяли на себя заботу о его маме и её троих детях. И теперь настала его очередь возвращать долги прошлого.

Мы определенно пустились в очередное приключение. Если говорить откровенно, мы естественно были слишком стары для этого. Чарли было семьдесят три, а мне шестьдесят шесть. Мы определенно не относились к молодняку. О чем мы только думали?

Рис. 138 – «Алан, у тебя проблемы с гневом!»

Так начался наш период воспитания детей на склоне лет. К счастью, все наши дети познакомились с Аланом и полюбили его. Он прекрасно вписался в нашу семью.

Две недели в роли новоиспеченных «мамы и папы» и я получаю звонок из школы, где Аллан учился в десятом классе: «Миссис Так, Алан подрался и был отстранён от занятий. Вам нужно приехать и забрать его». Я сказала, что Чарли находится в офисе и немедленно выезжает, чтобы забрать Алана из школы.

По дороге домой из школы Чарли в категоричной форме сообщил Алану, что его трёхдневное отстранение от учебы не будет каникулами. Он заставил его переодеться в рабочую одежду и отвёл в курятник: «Видишь этот пол? Я хочу, чтобы он был таким чистым, чтобы с него можно было есть. Когда ты выполнишь это задание, перейдём к следующему».

Позже, когда Алан зашел в дом, мы сели за наш маленький кухонный стол, и я сказала ему: «Алан, я знаю, что у тебя проблемы с гневом, и ты, вероятно, имеешь право злиться. Учитывая это, мы можем отправить тебя к психиатру или психологу, но Иисус — лучший консультант. Если ты просто простишь свою маму и всех, кто причинил тебе боль, ты сможешь одержать победу над своим гневом. А пока, — я подтолкнула к нему Библию с ручкой и бумагой: — я хочу, чтобы ты прочитал книгу Притч и выписал все стихи, которые говорят о гневе».

Рис. 139 – Алан и Брендон только что срубили наши деревья!

Вместо того чтобы обидеться, он послушно выполнил мои указания. Практически на следующий день мы уже начали замечать прогресс в Алане. Его оценки улучшились, и его отношения с другими начали меняться.

Дойл Флойд, его учитель по сельскому хозяйству, проявил настоящий интерес к Алану и поощрил его участвовать в организации «Будущие фермеры Америки» (FFA). Алан и его лучший друг даже получили признание за свои выдающиеся навыки работы с пилой, когда они приняли

ЛОВЦЫ ЧЕЛОВЕКОВ

участие в чемпионате штата, организованного Будущими фермерами Америки.

Рис. 140 – Алан и Бриттани со своими мальчиками

Однажды я спросила Аллана, не может ли он позвонить своему лучшему другу Брендону и пригласить его помочь срезать кустарник рядом с нашим домом. Он с радостью согласился, и вскоре они принялись за работу. Я ушла в магазин, чтобы купить им напитки Гаторейд, и когда вернулась, не могла поверить своим глазам. Я вбежала в дом и увидела, как Чарли отдыхает в своем кресле. «Дорогой, — воскликнула я в панике, — ты видел, что эти ребята там натворили?»

— Нет, я только что вернулся, отвозил бензопилу в Иствен.

Что ж, хорошо, что ребятам не досталась бензопила, потому что, когда мы посчитали поваленные деревья, мы поняли, что они срубили шестьдесят шесть из них! «Алан, — закричала я, выйдя на улицу. — Что вы, ребята, вытворяете? Я просила срезать кусты, а не спилить деревья!»

Конечно же мы справились с этим фиаско, но я точно научилась давать более конкретные указания в том, что касается работы по дому. Нам пришлось вызвать лесозаготовительную компанию, чтобы они завершили работу по выкорчевыванию всех пней и измельчению корней. Дети срезали все деревья на уровне пояса. Очевидно, они очень торопились, и ручная пила, должно быть, летала. Их учитель сельского хозяйства мог бы ими гордиться.

Учебный год пролетел быстро, Алану исполнилось шестнадцать лет, и он получил свою первую работу в местном продуктовом магазине. Девушка Алана поддерживала его во всем. Бриттани и Алан знали друг друга с третьего класса. Она всегда была рядом с ним. В какой бы ситуации он ни оказывался со своей семьей, он всегда знал, что может рассчитывать на Бриттани.

Я часто говорила людям, что мы получили двоих по цене одного. Когда мы приняли Алана, мы получили Бриттани в качестве бонуса. Она начала посещать нашу церковь и приходила к нам, когда могла, просто чтобы побыть с Аланом.

Рис. 141 – Алан с дедушкой и бабушкой

После окончания школы Алан пошел работать в полицию. В его жизни все стало налаживаться. Его мама наконец вошла в правильное русло и бросила наркотики. У бабушки с дедушкой тоже все стало налаживаться, и жизнь наконец выровнялась. Его младшего брата усыновила замечательная христианская семья, а его младшую сестру пригласил жить близкий родственник.

Это был счастливый день, когда Алан и Бриттани поженились. Они почтили нас с Чарли как своих «маму и папу», а мы, наблюдая за тем, как они произносят свои клятвы, были очень рады, что сыграли небольшую роль в том, чтобы направить их на путь Господа.

Алан и Бриттани теперь гордые родители троих очаровательных сыновей: Айдена, Броди и Джэксона. Алан является старшим менеджером по учебным операциям в Департаменте исправительных учреждений Джорджии.

ЛОВЦЫ ЧЕЛОВЕКОВ

Несколько лет назад они купили кирпичный дом в Кокране с тремя спальнями. Они посещают нашу церковь «Дом Благодати», и Алан руководит мужским служением. Я с радостью говорю, что все семейные отношения восстановлены.

В следующий раз, когда я услышу, как Чарли говорит: «Не в этой жизни», я глубоко вздохну и начну готовиться к новому приключению. Жизнь с Чарли может быть опасной.

Молитва на сегодня

Дорогой Господь,

Как легко отворачиваться, когда вокруг так много того, что нужно сделать. С какой бы нуждой мы ни сталкивались, помоги нам осознавать, что только Ты можешь по-настоящему удовлетворить ее, но в то же время напоминай, что Ты хочешь использовать нас в этом процессе.

Спасибо за возможность проявить Твою любовь к другим.

Во имя Иисуса,

Аминь.

Глава двадцать четвертая

АНГЕЛЫ АДА

*«Меня нашли не искавшие Меня;
Я открылся не вопрошавшим о Мне».
Рим. 10:20*

Моя история была бы неполной, если бы я не упомянула о той грандиозной работе, которую проделала моя мачеха Марджи, чтобы «поймать» меня. Естественно, мне кажется, что она справилась с этим блестяще. Несмотря на мой ужасный бунт и сопротивление, ее настойчивость стала ключом к тому, чтобы привести меня в Царство.

Рис. 142 – Дедушка Кригер и Марджи «Нана»

Марджи появилась в моей жизни, когда я была ещё девочкой примерно десяти лет. Она быстро стала врагом для меня и моих братьев. Мой отец развёлся с моей матерью и в конце концов женился на яркой португальской красавице, в которую он влюбился. Ему было всё равно, что у него было трое детей и жена, о которых нужно было заботиться. По нашим представлениям, она заслуживала нашей ненависти. Разве не так? По крайней мере, именно так мы рассуждали в те ранние, формирующие годы.

ЛОВЦЫ ЧЕЛОВЕКОВ

После развода моя мать, немка по происхождению и характеру, превратилась из трудолюбивого человека в человека с тяжелой жизнью. Она меняла одного мужчину за другим, а мы трое всё больше озлоблялись на женщину, которую считали виновницей наших сердечных страданий.

Стремясь восстановить наши семьи, Марджи обратилась к религии. Она и мой отец присоединились к лютеранской церкви. Она была полна решимости искупить все свои прегрешения и каким-то образом считала, что церковь станет решением.

Рис. 143 – Перерыв в занятиях по катезизису – время красть

Меня заставляли посещать занятия по катехизису, и я высмеивала всё, что было связано с церковью. Чтобы выразить своё презрение к любой форме власти, каждую субботу утром перед уроком я воровала большой пакет конфет и вызывающе жевала их, игнорируя суровые взгляды и устные замечания пастора.

Когда я достигла подросткового возраста, я стала следовать по стопам своей матери и начала встречаться с мужчинами. В пятнадцать лет я уже была замужем. Я могу только представить, с каким облегчением Марджи узнала, что я вышла замуж, для нее это означало — минус один ребёнок, на которого нужно было платить алименты.

Рис. 144– Тусовка с Ангелами Ада

Через четыре дня после свадьбы моего мужа отправили за границу. Теперь я была предоставлена сама себе, и мне это нравилось. Вскоре моя сводная сестра Старлин переехала ко мне, и мы жили на широкую ногу. Ежемесячное пособие давало нам определённую финансовую свободу. В пятнадцать лет найти работу было нелегко. Да и кому хотелось работать? У нас были дела поважнее.

Мы познакомились с девушкой по имени Мари, и она быстро ввела нас в курс жизни на всю катушку. Мари была связана с байкерской бандой «Ангелы ада» в Сакраменто. Это было именно то, что я искала — веселье, азарт и никаких правил.

После того как у нас произошел конфликт с законом, Старлин вернулась домой к отцу и Марджи. Но не я. Я была сама по себе и не собиралась ничего менять.

Однажды летним днем в 1956 году Старлин поливала цветы на заднем дворе, когда появился специалист по борьбе с вредителями. Дон Морси, владелец компании «Калифорнийская Экстерминаторская Служба», прежде всего был человеком, стремящимся спасать души. Находясь в состояни поиска новообращенных, он завел разговор со Старлин.

«Вы христианка?» — спросил он с улыбкой.

С возмущенным видом Старлин ответила: «Конечно. Я прошла конфирмацию в лютеранской церкви несколько лет назад». Она вернулась к поливу, а Дон решил выждать, прежде чем продолжить разговор.

Несколько месяцев спустя Марджи снова позвонила Дону. Кажется, эти надоедливые черные вдовы снова появились, и она хотела, чтобы он снова пришёл и обработал территорию.

На этот раз Дон знал, что Бог работает. Вскоре он привёл моего отца и Марджи ко Христу. Какое волнение в доме Кригеров! Они поняли, что ответом является Христос, а не религия. Они испытывали непреодолимое желание спасти всех своих друзей и родственников.

Рис. 145 – Папа и Марджи встретили Иисуса в доме у Дона Морси

Марджи стала динамо-машиной для Иисуса. Она и мой отец начали посещать еженедельные библейские занятия у Дона. Вскоре они начали приводить друзей и родственников на собрания, и люди начали спасаться налево и направо. Она также основала клуб «Благая Весть» для детей в своём районе. Она определённо изменилась. Казалось, она могла убедить стать христианами всех, кроме своей непокорной падчерицы. Я была её самым большим вызовом.

«Дон, ты просто не понимаешь. Джерри — это самый дикий ребёнок, которого вы когда-либо видели. Я думаю, она безнадёжна, — жаловалась Марджи. — Она такой бунтарь».

«Не будем забывать, что Бог больше вашей дочери, — сказал Дон. — Молитва — это мощный инструмент. Просто продолжайте просить Господа о ней. Вы увидите. В Слове сказано, что когда вы спасетесь, спасётся вся ваша семья».

И она действительно молилась.

Не подозревая о том, что в моей семье происходит что-то духовное, я постоянно попадала в неприятности. Жизнь на максималках становилась всё более хаотичной. Я перешла от поездок с «Ангелами ада» к жизни с одним из бандитов.

Ночью, когда никто меня не видел, я шептала короткую молитву, которую где-то выучила: *«Спать ложусь, гашу огни; Боже, душу сохрани»*. На всякий случай, если Бог действительно существует, я хотела подстраховаться.

В конце концов, мужчина, с которым я жила, начал угрожать убить меня, если я уйду от него. Я узнала, что он каждый вечер совершал ограбления, и поняла, что я в ужасной опасности. Выбравшись через узкое окно нашей квартиры, которая располагалась в подвальном этаже, я вернулась домой.

Рис. 146 – Марджи начала открывать мне Писание

На тот момент страсти утихли, и моя мать позволила мне вернуться. Я знала, что мне нужно вернуть контроль над своей жизнью. Написав своему мужу, я попросила его о разводе. Я чувствовала себя грязной внутри и не знала, что делать с мучавшей меня совестью.

Когда мой муж вернулся с Окинавы, мы решили дать нашему браку еще один шанс. Мой отец нанял его работать в своей строительной бригаде и помог мне устроиться на работу в банк. Работа у моего отца заставила нас каждую неделю встречаться с мачехой. Именно она

ЛОВЦЫ ЧЕЛОВЕКОВ

выдавала зарплату. Вскоре каждый день выплаты зарплаты стал «днём свидетельства для Джерри». Я была в ярости.

«Как она смеет говорить мне о религии!» — жаловалась я своему мужу. Я выдувала дым от сигареты ей в лицо, ругала её и называла фанатичкой.

Но она не сдавалась.

В отчаянии она каждую неделю ходила на библейские занятия и просила Дона и группу молиться за меня. Я должна признать, что выглядела довольно безнадежной.

Однажды Марджи спросила меня, знаю ли я, что в Библии говорится о машинах. Этот вопрос заинтриговал меня. Заинтересованная, я ответила: «Правда?» Она почувствовала, что поймала меня на крючок.

Уложив Библию на колени, она открыла книгу Наума и прочитала отрывок, в котором говорилось о колесницах, сталкивающихся на дорогах.

— Хм. Это действительно немного похоже на дороги Калифорнии. Что ещё говорит Библия?

Она начала меня «подтягивать».

Используя стихи о втором пришествии Господа, она показала мне отрывки из книги Откровения, которые напугали меня до глубины души. Я никогда не слышала о таких вещах раньше. Она уверила меня, что я буду оставлена, когда Иисус вернётся, если не приму Христа своим Спасителем.

Неделя за неделей она давила на меня с помощью Библии, уговаривая прийти на библейские занятия к Дону. Наконец, с неохотой, я согласилась. Внутри я думала: «Я схожу один раз, только чтобы она оставила меня в покое».

Ну, вы и сами догадались. Я попалась, как рыба на крючок!

Сидя в гостиной Дона, я впервые в жизни ясно увидела. Христос был не просто картинкой на витражном окне. Он был реальным. Он был живым.

Я покинула его дом той ночью, сжимая в руках маленькую духовную книгу, написанную преподобным Билли Грэмом. Ночной воздух никогда не казался таким приятным. В момент обращения я мгновенно поняла, откуда я пришла, зачем я здесь и куда я иду. Я была чиста. Прощена!

Рис. 147 – Книга Билли Грема «Мир с Богом»

Вернувшись в нашу квартиру, я сказала своему мужу, что собираюсь пойти на собрание на следующей неделе. Я хотела узнать больше о Боге, который вторгся в мою душу.

Шокированный тем, что я хочу вернуться на библейские занятия, он сказал: «Даже и не думай. Никаких встреч с Марджи больше не будет!»

Знаете, это было действительно странно. Почему-то вся моя ненависть и горечь к мачехе растаяли, и мне хотелось быть с ней. Она заботилась обо мне настолько, что могла терпеть мою ненависть. Она смотрела сквозь мои грубые слова и обиды. Я должна была вернуться!

ЛОВЦЫ ЧЕЛОВЕКОВ

По мере того как вечер продолжался, мой муж продолжал пить. Алкоголь затуманил все представления о реальности происходящего, и он начал меня бить.

Сбежав в другую комнату, я укрылась за креслом с высокой спинкой. Разъярённый тем, что я ускользнула от него, он начал бросать вещи и громко ругаться. Я выглянула из-за кресла как раз вовремя, чтобы увидеть, как лампа ударяется о стену.

Присев за креслом, я сжала в руках книгу преподобного Билли Грэма и с всей силой убеждения прошептала Богу: «Я никогда не откажусь от Тебя. Я никогда не откажусь от Тебя». Это была моя первая официальная молитва!

Его ярость, наконец, утихла; мой муж отключился. Со слезами на глазах я начала собирать разбросанные по квартире вещи. Но в моем сердце царила радость. Я знала, что Бог меня нашел. Я больше не была потеряна. Он был моим, и я была Его.

Какое счастье; какой восторг; какой мир!

Прошло шестьдесят семь лет с тех пор, как я сжимала ту маленькую книгу за креслом с высокой спинкой. Шестьдесят семь лет жизни в мире с Богом. Этот мир превосходит человеческое понимание. Этот мир позволил мне сохранить здравый рассудок, когда, казалось, все вокруг рушится.

После шестнадцати бурных лет мой муж ушёл к другой женщине, но мир остался. Я замужем уже почти пятьдесят два года за моим нынешним мужем, Чарли Таком. Вместе у нас девять прекрасных детей, двадцать три внука и шестнадцать правнуков.

Дорогой читатель, я не искала Бога. Я была рада идти своим путём. Я не искала помощи. Мне не были интересны духовные вещи, но кто-то заботился обо мне, кто-то видел мою нужду. Бог использовал человека, которого я ненавидела, чтобы показать мне путь к настоящей жизни!

А вы? Вы знаете кого-то, кто, казалось бы, не беспокоится о состоянии своей души? Возможно они испытывают ваше терпение или доставляют вам неприятности? Они ведут себя так, как будто ненавидят вас? Встречали ли вы людей, которым не интересны библейские собрания? Пытаетесь ли вы достучаться до них?

Хватайте удочку, и пойдем на рыбалку!

«Мир с Богом» д-р Билли Грэм

Рис.148 — Ловцы: Дон Морси, Джерри и Чарли

Молитва на сегодня

Дорогой Господь,

Я никогда, никогда не забуду тот день, когда Ты протянул руку и спас меня. Радость, которую я испытываю, зная Тебя лично, не поддается человеческому описанию. Нет слов, чтобы выразить Тебе мою благодарность... и благодарность тому человеку, кто принес мне Благую Весть! Как прекрасны её ноги, дорогой Господь. Я так рада, что она заглянула за пределы моей грубости, Господь.

Отец, пожалуйста, скажи ей от меня, что я ценю её и с нетерпением жду нашей великой встречи, когда я попаду на Небо. Скажи ей, что я достигаю других, Господь. Я постараюсь привести много людей с собой. Скажи ей, что я продолжаю там, где она остановилась... ловлю человеков!

Во имя Иисуса.

Аминь.

«Видишь ли ты эту женщину? Я пришел в дом твой, и ты воды Мне на ноги не дал, а она слезами облила Мне ноги и волосами головы своей отёрла; ты целования Мне не дал, а она, с тех пор как Я пришел, не перестает целовать у Меня ноги; ты головы Мне маслом не помазал, а она миром помазала Мне ноги. А потому сказываю тебе: прощаются грехи её многие за то, что она возлюбила много, а кому мало прощается, тот мало любит. Ей же сказал: прощаются тебе грехи».
— Лк. 7:44-48

Глава двадцать пятая
СТРЕЛЫ, ПУЩЕННЫЕ В БУДУЩЕЕ

«Что стрелы в руке сильного, то сыновья молодые. Блажен человек, который наполнил ими колчан свой! Не останутся они в стыде, когда будут говорить с врагами в воротах».
Пс. 126:4-5

Несомненно, старая пословица «противоположности притягиваются» идеально подходит для Чарли и меня. Невозможно найти двух человек более противоположных, и в то же время находящихся в полном единстве. Чарли предпочитает расслабиться с хорошей книгой и быть домоседом, тогда как я предпочитаю читать в самолёте, направляясь в далёкие страны.

Когда Уолмарт открыл свой магазин в нашем маленьком городке, все, включая меня, были в восторге. Моим предложением было устроиться там на работу приветствующими сотрудниками. Чарли мог бы помогать всем, кто спешит и просто хочет взять тележку для покупок, а я могла бы уделять внимание тем, кому необходимо поговорить; тем, кто хотел бы немного поболтать перед тем, как приступить к покупкам. Очевидно, что Чарли не принял это предложение. Хотя мне казалось, что это отличная идея. Ну да ладно!

Рис. 149 - Дэвид Фелпс из Миссии в Мексике

Надо отдать должное Чарли. Он старался изо всех сил войти в режим «вперед Джерри», хотя я тоже пыталась расслабиться и не быть такой суетливой. Хотя я путешествовала в такие места, как Индия, Китай, Эквадор, Израиль, Бразилия, Африка и Коста-Рика, миссионерские поездки Чарли по его выбору были ограничены только Мексикой. Однако, чтобы отдать ему должное, мы действительно были там вместе пять раз во время миссионерских поездок в Рейносу.

Мы познакомились с Дэвидом Фелпсом, координатором миссии в Мексике, через наше служение в тюрьмах. Дэвид также служил в государственной тюрьме Дули в Унаделле, штат Джорджия, где Чарли и я работали на протяжении двадцати лет. Он удивительный христианин с сердцем, полным любви к этой миссии в Рейносе.

Адамина и Даниэль Гуэрра, уроженцы Мексики, были призваны Богом основать Евангельскую Церковь «Маранафа» в одном из самых бедных районов Рейносы. Когда Дэвид Фелпс узнал об этой преданной паре, он начал поддержку их служения, которая будет продолжаться вечно. На протяжении многих лет он направлял поддержку, как материальную, так и духовную, которая помогла развить эту церковь как свидетельство для всего города.

Путешествуя на самолете с Дэвидом и небольшой миссионерской группой, мы приземлились в МаКаллене, штат Техас. Этот город находится недалеко от границы на юго-востоке Техаса. Я была в восторге. Это была моя первая поездка с командой. (Чарли остался дома и консервировал груши!) Это было новое приключение, направленное на спасение душ для Христа, в то время как мы несли воодушевление этой драгоценной группе верующих, находящихся в чрезвычайно опасной части Мексики.

Рис. 150 – Адамина и Даниель Гуэрра

Шестеро из нас сели в фургон и пересекли мост, разделяющий США и Мексику. Как только мы пересекли мост, я была поражена тому, как резко все поменялось. Я вдруг почувствовала, будто попала в страну третьего мира.

Когда мы заехали в жилой квартал, мне показалось, что я снова оказалась в самой бедной части Индии. С нами в команде были те, кто никогда не путешествовал за границу, я могла лишь представить, что они чувствуют.

Адамина проводила нас в свой дом, где был приготовлен обед. Мы немедленно сели за стол и узнали, что такое мексиканское гостеприимство. Обед в Мексике — это главный прием пищи дня, и поэтому мы наслаждались бобами, рисом, буррито, энчиладами, салатами и множеством десертов, достойных короля! Неудивительно, что послеобеденное время в Мексике — это время сиесты!

Тем вечером в церкви мы с удовольствием приветствовали входящих людей. Казалось, они, как и мы, были в восторге от того, что миссионеры из США приехали, чтобы благословить и воодушевить их.

Церковный зал для собрания вмещал около 125 человек, если они сидели очень плотно на деревянных скамьях. Дети, похоже, знали Уэйда Конклина, одного из наших миссионеров. Я пыталась понять, как ему удается собрать вокруг себя всех детей, пока не увидела, как он достает конфеты из карманов. Вот почему он был так популярен!

ЛОВЦЫ ЧЕЛОВЕКОВ

Рис. 151 – Адамина и Даниель ведут поклонение

Этот вечер стал первым из многих путешествий в Мексику. Возможности проповедовать и обучать были невероятными. Адамина и Даниэль, оба выпускники колледжа, посвятили свою жизнь служению самым бедным из бедных. Они получили доступ в тюрьмы и сердца своих соотечественников. Кажется, каждый чувствовал любовь и принятие от этой дорогой пары.

Когда мы заходили в различные дома, люди были удивительно гостеприимны и любезны. Когда члены команды выступали на вечерних собраниях, их слова глубоко трогали сердца людей. Некоторые из нас водили детей на отдельные собрания, чтобы проповедовать им Слово.

Я просто знала, что Чарли должен поехать со мной в Мексику. Кто-то другой может заняться консервированием груш!

После нескольких поездок мы пригласили Адамин и Даниэля к нам домой. Они путешествовали по стране, что-

Рис. 152 – Джерри с «колчаном, полным стрел»

бы рассказать о своей работе в Мексике. Когда я повезла их, чтобы они послужили в нашей церкви, Чарли изъявил желание остаться дома и приготовить нам ужин. Когда мы вернулись, могло показаться, что мы находимся в «Ритце»! Чарли действительно потрудился на славу. Он просто изменился! Не нужно говорить, что с того момента дружба между Гуэррами и Таками стала очень тесной.

Во время следующей поездки в Мексику Чарли оказался прямо в эпицентре событий! Он поделился своим свидетельством (впервые выступив через переводчика) и ходил по ухабистым дорогам, чтобы навестить самых бед-

ЛОВЦЫ ЧЕЛОВЕКОВ

ных из бедных, наслаждаясь при этом самым лучшим гостеприимством.

Еще несколько поездок в Мексику, и Чарли оказался «на крючке». Теперь нам нужно было заинтересовать миссионерством одного из наших внуков. Мы пригласили нашего тринадцатилетнего внука Зака присоединиться к нам в поездке. Это должно было стать настоящим приключением для молодого Зака. Во время этой поездки он понял, как хорошо ему в Штатах.

Когда он узнал, что ему предстоит поделиться своим свидетельством в тюрьме для несовершеннолетних, он немного запаниковал и спросил меня: «Бабушка, что я им скажу?»

Рис. 153 — Команда: Зак и Чарли

«О, просто скажи им, что ты вел ужасную жизнь, принимал наркотики и алкоголь и только что вышел из тюрьмы». Я начала смеяться, когда его глаза в ужасе широко распахнулись от удивления. «С другой стороны, — серьезно сказала я, — просто расскажи им, как много для тебя значит Господь и как весело служить Иисусу».

Зак сглотнул и кивнул: «Хорошо». С этого момента он, казалось, расслабился, и когда он встал перед двадцатью пятью-тридцатью детьми, чтобы поделиться своим свидетельством, он мог бы составить конкуренцию Билли Грэму за звание «лучшего проповедника года». Мы были так горды им.

Позже его пригласили поделиться своим свидетельством на местной радиостанции.

Наш внук также узнал о трудных сторонах служения Иисусу. Мы поехали в декабре, и в том году было необычно холодно.

Мужчины ночевали в небольшой комнате, где не было отопления. Зак и его дедушка делили одну постель. Чарли помнит, что Зак действительно был настоящим «одеяльным эгоистом», постоянно тянул одеяло на себя.

Самое худшее было с водой, которая шла из трубы в стене. Она была ледяной. Как раз перед нашим приездом кто-то украл медные трубы, и горячей воды для душа не было.

Следующая поездка в Мексику оказалась нашей последней. У Чарли были проблемы с коленями, и он перенес операцию на левом колене. Когда он выходил из церковного фургона, он не рассчитал расстояние и упал на землю так сильно, что раздробил коленную чашечку. В конечном итоге ему пришлось перенести пять операций на одном и том же колене.

Рис. 154 – Зак на местной радиостанции

Дэвид Фелпс продолжал возить миссионерские группы в Мексику до тех пор, пока наркокартели не сделали эту работу почти невозможной. Вскоре он не смог больше принимать на себя такую ответственность. Возможность

ЛОВЦЫ ЧЕЛОВЕКОВ

Рис. 155 – «Освобождённая Адамина» и Дэвид Фелпс

того, что один из его членов команды может быть похищен, стала реальной. К тому времени работа продвинулась настолько, что церковь завершила строительство трех этажей своего здания. К сожалению, им пришлось прекратить все вечерние встречи, так как район стал слишком опасным.

Всего несколько лет назад Адамину похитил один из наркокартелей. Она делала покупки в небольшом продуктовом магазине, расположенном через улицу от церкви. Её схватили и затащили в машину.

Власти были немедленно уведомлены. Пастор Даниэль и церковь усердно молились об её освобождении. Картели требовали один миллион песо за её безопасное возвращение. Бог, высшая власть, услышал эти молитвы, и всего через одну ночь они освободили её невредимой.

У меня есть подозрение, что Адамине удалось выбраться оттуда благодаря проповеди. Она пробыла у них совсем недолго, прежде чем они значительно снизили сумму выкупа. Вот тебе и чудеса! Она не только осталась невредимой, но и продолжает проповедовать с прежним усердием, рассказывая всем о своём отвечающем на молитвы Спасителе. Она является благословением для всех, кто видит и слышит её. Бог превратил то, что было актом зла, в продвижение Евангелия!

Что касается нашего внука Зака, он не был разочарован трудностями миссионерской жизни. После окончания школы и колледжа он женился на Эйми, прекрасной молодой

СТРЕЛЫ, ПУЩЕННЫЕ В БУДУЩЕЕ

женщине, которая любит Иисуса так же сильно, а может, даже больше, чем он сам. Он является помощником пастора в церкви Христового Сообщества в Камминге, штат Джорджия, и у него и Эйми появился наш шестнадцатый правнук, которого они назвали малыш Чарли!

Рис. 156 – Зак – это наша стрела в будущее!

Чарли и я были благословлены множеством стрел пущенных в будущее. Наши девять детей одарили нас двадцатью тремя внуками и шестнадцатью правнуками. Каждая из этих стрел в будущее уникальна по своим талантам, характерам и любви к Богу.

Поскольку Господь направляет их по определённым траекториям в будущее, мы уверены, что через них будут проявляться Божьи замыслы. Да, наш колчан полон!

Молитва на сегодня

Дорогой Господь,

Когда я думаю обо всех драгоценных детях, внуках и правнуках, которыми Ты нас благословил, я так гор-

жусь теми, кто стал могучими стрелами, пущенными в будущее для Тебя. Да, наш колчан, безусловно, полон, и с полным колчаном приходит ответственность запускать эти стрелы в правильном направлении. Я молюсь, чтобы наши жизни всегда были добрым примером и чтобы наш пример следования Тебе всем сердцем всегда был силой на благо в их жизнях.

Во имя Иисуса,

Аминь

Рис. 157– Давайте прославим Господа

Глава двадцать шестая

НЕ СУДИТЕ

«Но Господь сказал Самуилу: не смотри на вид его и на высоту роста его; Я отринул его; Я смотрю не так, как смотрит человек; ибо человек смотрит на лицо, а Господь смотрит на сердце».

1 Цар. 16:7

Евангелизация была последним, о чём я думала, когда трое молодых людей зашли в моё агентство недвижимости, чтобы найти себе квартиру. Ещё в середине восьмидесятых я услышала голос Господа, который сказал: «Если ты позволишь мне, я превращу твой офис в станцию спасения душ». Но на самом деле, когда я увидела этих ребят, я могла думать только о том, как нелепо это выглядело: двое молодых чернокожих парней с белой девушкой, которые в южном городке наводят справки об аренде квартиры.

«Они что, с ума сошли? — подумала я. — Никто не захочет с ними разговаривать. Похоже, они не осознают, сколько предрассудков у людей на Юге».

С момента нашего переезда в Кокран из Калифорнии в 1974 году мы столкнулись с немалыми предрассудками. Там, откуда мы приехали, интеграция никогда не была проблемой, но в Кокране в середине семидесятых всё ещё существовали расовые разногласия.

Лестер Мэддокс, губернатор Джорджии в начале семидесятых, всё ещё призывал студентов бойкотировать школы, поскольку был против федеральных указов об ин-

ЛОВЦЫ ЧЕЛОВЕКОВ

теграции. Белых учителей подталкивали к тому, чтобы они отказывались переводиться в чёрные школы. Большинство школ в Джорджии закончили процесс интеграции только в 1972-73 годах. Когда мы переехали в Кокран, расовые раны всё ещё были свежи.

Единственная прачечная в городе имела отдельные зоны для белых и для чёрных людей. В одном из местных ресторанов белые могли заходить внутрь, в то время как чёрные получали еду через окошко. Идея того, что чёрные могут посещать белые церкви, была абсолютно немыслима.

Однажды утром в воскресенье несколько студентов колледжа, посещавших нашу церковь, привели с собой чёрного студента. Конечно же, все решили, что это те сумасшедшие Таки из Калифорнии совершили столь возмутительный поступок. На следующий день нас официально отчитали представители церковной иерархии и сказали, что мы не можем больше приводить чёрных в церковь, а также не должны позволять им приходить на наши домашние собрания по изучению Библии.

Рис. 158 – «Кто вообще обратит на них внимание?»

Когда они должным образом предупредили нас и покинули наш дом в негодовании, я расплакалась. «Я хочу вернуться в Калифорнию, — с рыданиями сказала я мужу. — Я не могу терпеть эти предрассудки от людей, которые называют себя христианами».

НЕ СУДИТЕ

Ну, как-то мы пережили этот шторм. Мы сменили церковь, и со временем всё начало успокаиваться.

К тому времени, когда эта троица зашла в мой офис, мы уже прошли через огонь! Наступил новый век, но некоторые из наших боевых ран всё ещё оставались немного болезненными. Хотя мы прожили в Кокране двадцать пять лет, для некоторых мы по-прежнему оставались теми людьми из Калифорнии, которые пытались интегрировать церкви на Юге.

И вот передо мной сидят три молодых студента колледжа. Один из них в чёрной нейлоновой шапке, из-за чего он выглядел, как «гангстер» из гетто, и все трое смотрят на меня с надеждой и улыбками. Внутренне я вздохнула. Я точно знала, что их шансы найти квартиру в Кокране равны нулю.

Очень мягко Святой Дух прошептал: «Спроси их, христиане ли они». Это было последнее, что я ожидала услышать, но решила последовать этому побуждению и спросила троицу, христиане ли они.

Все трое расплылись в широких улыбках и сказали, что да. «Ну что ж, я думаю, если мы просто помолимся об этом поиске квартиры, Бог покажет вам, куда идти, и вы найдёте нужное место!» Неужели я действительно это сказала?!

Юноша в нейлоновой шапке быстро снял её, и все трое с благоговением склонили головы, пока я молилась, чтобы Господь направил их и помог найти идеальную квартиру. Они поблагодарили меня и ушли в приподнятом настроении.

Три недели спустя двое молодых людей, без девушки, вернулись. Они сказали: «Миссис Так, вы просто не поверите, что произошло, когда мы вышли из вашего офиса.

ЛОВЦЫ ЧЕЛОВЕКОВ

Первое место, куда мы пошли, оказалось идеальной квартирой! Мы просто хотели зайти и поблагодарить вас».

Мы все смеялись и радовались тому, что Господь сделал для них. «Эй, ребята, — сказала я, — я только что заказала пиццу и собиралась отнести её домой на ужин. Как насчёт того, чтобы присоединиться к нам с мужем и поужинать вместе?»

Они переглянулись, а потом снова посмотрели на меня, как будто не могли поверить своим ушам. Это было настоящее приглашение на ужин? Джарвис, тот, что носил нейлоновую шапку, сказал: «Дайте нам полчаса. Нам нужно вернуться в колледж, чтобы взять кое-что». Позже я узнала, что этим «чем-то» были их альбомы с вырезками о футболе. Они хотели, чтобы мы знали, что они действительно футболисты и играют за команду колледжа Средней Джорджии. Я в этом и не сомневалась ни на минуту.

Как только они покинули мой офис, я тут же заказала ещё одну большую пиццу. Эти ребята были крупные! Мы отлично провели время, знакомясь с Джарвисом и его другом Андре. Я была в восторге от того, что обрела двух

Рис. 159 – Команда по изучению Библии дома у Таков

новых друзей. Когда Чарли и я ложились спать той ночью, я могла только сказать: «Спасибо, Господи, что обратился к моему сердцу и помог мне протянуть руку этим ребятам. Если бы не Твой шёпот в мой первый день, когда они пришли в мой офис, я бы упустила шанс узнать их, и это была бы моя потеря». Я спала как младенец той ночью.

Я была разочарована, не видя их несколько месяцев. А потом однажды Джарвис и девушка Лори заглянули ко мне. «Миссис Так, — начал Джарвис, — вы не могли бы проводить занятия по Библии каждую неделю у себя дома, если мы будем приводить студентов?» Я не могла поверить своим ушам. Могу ли я?

Так началось самое удивительное лето для нас. Джарвис, Андре и Лори были настоящими энтузиастами.

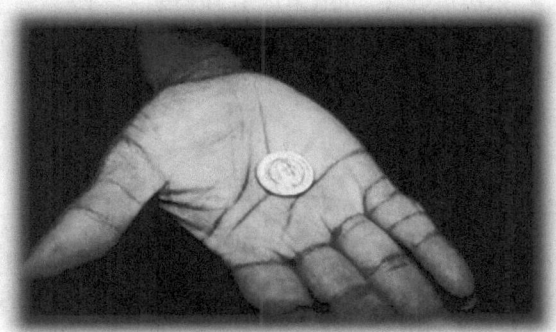

Рис. 160 – Монета из Эквадора

Они привели почти всю футбольную команду. Какое же это было время по понедельникам, когда мы делились Словом Божьим с этими ребятами. Время от времени я приглашала гостей, таких как наши друзья Билл и Кэролин Гудсен и пастор Уильям Басби. Всем нравилось собираться вместе. Дом Таков просто гремел от радости во Христе и присутствия футбольной команды «Воины» колледжа МГК!

На одном из занятий по Библии я дала каждому из них монету из Эквадора. Я привезла их из поездки с миссией в 1999 году. Я сказала ребятам сохранить эти монеты как напоминание молиться за сирот в Эквадоре. Я и представить не могла, как одна из этих монет сыграет роль в

ЛОВЦЫ ЧЕЛОВЕКОВ

спасении жизни молодого студента, который планировал покончить с собой.

Уильям Басби — пастор небольшой церкви «Будьте делателями» в сельской местности. Он помогает нам с Чарли в нашем служении в исправительных учреждениях, и мы очень ценили его дружбу и помощь в нашем служении этим студентам. Каждое воскресенье он брал церковный микроавтобус, ехал в колледж, забирал ребят из нашей группы по изучению Библии и отвозил их в свою церковь.

Рис.161 – Пастор Уильям Басби – ДЕЛАТЕЛЬ!

Однажды вечером Чарли пришлось уйти, чтобы решить важные дела. Я сказала ему, что буду «удерживать форт» с ребятами из колледжа. Ни за что на свете я не стала бы отменять собрание ради какого-то дела.

Когда я заканчивала собрание, я спросила студентов, есть ли у них вопросы или комментарии. Один из студентов поднял руку и сказал: «Да. Я хочу спастись». Ого! Я никак не ожидала такого ответа.

Затем ещё один поднял руку и сказал то же самое: «Я тоже хочу спастись». Прежде чем он успел опустить руку, ещё один поднял её. Вскоре пять студентов сказали, что хотят спастись. Я была поражена. В тот вечер я даже не говорила о спасении. Это Бог действовал сам, без «великого» учения Джерри Так.

Я подробно объяснила им план спасения, и как раз, когда я закончила, Чарли вошёл в дверь. Когда я рассказала ему, что происходило, он заулыбался во весь рот.

«Сегодня вечером мы сделаем кое-что особенное, — сказала я. — Давайте все встанем на колени, а затем помолимся».

Видели ли вы когда-нибудь подобную картину? Эти огромные футболисты смирялись перед Богом, преклоняясь перед Его присутствием.

Это был святой, потрясающий момент. Казалось, что я смотрю на это с потолка, видя то, на что смотрит Бог. Какое зрелище! Какая радость!

Вы бы не поверили, сколько было объятий и слёз, когда мы поднялись на ноги. Пять новых душ вошли в Царство Божие. Ребята были в полном восторге.

Я узнала только позже, что они начали называть себя «Таки» на кампусе МГК. Я от души посмеялась над этим. Какое же это было веселье — видеть, как они рассказывали своим сверстникам об этом замечательном Спасителе, Иисусе Христе.

Однажды один из «Таков» встретил друга, который помышлял о самоубийстве. Джайлсу дала от ворот поворот девушка, с которой он планировал провести всю свою жизнь. Он был опустошён и считал, что жизнь больше не имеет смысла.

Филип изо всех сил пытался найти способ помочь Джайлсу. Он точно знал, что самоубийство — это не выход, но как убедить в этом Джайлса, было другой задачей.

ЛОВЦЫ ЧЕЛОВЕКОВ

«Господи, — молился он про себя, склонив голову, — куда мне его повести? В Союз баптистских студентов или к Такам?» Когда он открыл глаза, то посмотрел на землю и увидел монету. Он поднял её. Это была монета из Эквадора.

Рис. 162 – Джерри и пастор Басби – ДЕЛАТЕЛИ!

Он точно знал, куда поведёт своего друга и не примет отказа.

Если вы сомневаетесь, было ли это чудом, задумайтесь об этом: территория Колледжа Средней Джорджии занимает 182 акра. Каковы шансы, что монета окажется именно в том месте, где молился Филип?

Мы сели за обеденный стол вместе с Филипом и Джайлсом и провели небольшое занятие по Библии. После короткого урока о пророке Ионе я спросила, есть ли у них вопросы или комментарии. Джайлс, не раздумывая, сказал: «Я сейчас в чреве кита, и вокруг — одна тьма».

Прежде чем уйти в тот вечер, Джайлс отдал свою жизнь и свою девушку Господу. Он был возрождён, и его жизнь обрела новый смысл и цель.

Джайлс окончил колледж МГК. Летом после его выпуска он подал заявку на работу в правительственном учреждении на базе ВВС Робинс. Его назначили репетитором для детей военных в Греции. Когда его спросили, почему он хочет эту работу, он смело ответил: «Потому что я хочу рассказывать детям об Иисусе». Его приняли на работу мгновенно, и целое лето он получал зарплату за то, что делился евангельским посланием.

«Таки» уже разъехались. Последнее, что я о них слышала — большинство из них участвуют в служении, включая Джарвиса, который стал пастором и женился на Лори. И хотя, возможно, я никогда больше не увижу многих из них при жизни, я уверена, что встречу их в вечности... и да, Бог действительно использовал тот офис недвижимости как «станцию спасения душ», как и обещал.

ЛОВЦЫ ЧЕЛОВЕКОВ

Молитва на сегодня

Дорогой Господь,

Я так благодарна, что Твой голос звучит четко и ясно. Единственное время, когда я его не слышу, — это когда я слишком занята своими собственными делами. Пожалуйста, помоги мне держать мой стол в порядке, а сердце — открытым. Не дай мне судить кого-либо по их одежде или цвету кожи. Мы все едины в Тебе, Господь.

Во Имя Иисуса,

Аминь

Рис. 163 – 182 акра: колледж в центральной Джорджии

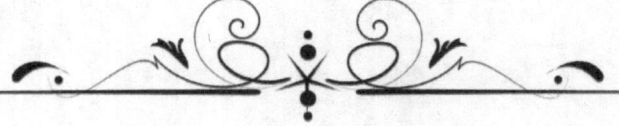

Глава двадцать седьмая

ЦЕННОСТЬ В СВЕТЕ ВЕЧНОСТИ

*«Когда мы смотрим не на видимое, но на невидимое:
ибо видимое временно,
а невидимое вечно».
2 Кор. 4:18*

Какой путь мне довелось пройти с 1957 года, когда я впервые встретила Иисуса на домашнем изучении Библии. Я многому научилась на этом пути, но думаю, что один из самых важных уроков — это то, что жизнь действительно коротка. Сейчас мне 84 года, и я знаю, что лучшее впереди, потому что самое ЛУЧШЕЕ будет открыто на Небесах, когда я увижу Иисуса, моего Господа, лицом к лицу.

Вскоре после того, как я обрела спасение, оба моих брата, Даг и Дуайт, тоже узнали Иисуса. Мы все были подростками и были полны энтузиазма по поводу нашей новой веры. Они еще учились в школе, а я, якобы, была взрослой, так как была замужем, жила в отдельной квартире и мне было восемнадцать лет.

Мой муж работал ночами, и мы с братьями встречались в старой лачуге, на поле недалеко от моей квартиры. Мы молились всю ночь с тем пылом, с каким молятся новообращенные христиане, твердо намеренные спасти мир. Рано утром, с наступлением рассвета, мои братья бегом возвращались домой, который был буквально в двух шагах от моей квартиры.

ЛОВЦЫ ЧЕЛОВЕКОВ

Иногда мы брали евангельские трактаты и шли к стадиону Хьюз, когда там проходили спортивные или развлекательные мероприятия. Мы бегали как бешенные, раскладывая трактаты на лобовых стеклах припаркованных машин, молясь о спасении душ и надеясь, что охрана нас не поймает. Мы чувствовали себя «тремя мушкетерами» на миссии от Бога.

Рис. 164 – Слева направо: Даг, Джерри и Дуайт – 3 мушкетера

Не раз я приходила домой к Дагу и Дуайту, и мы заходили в одну из их спален, чтобы молиться часами за погибшие души, особенно за нашего отчима Джо. Джо был алкоголиком и был недоволен нашей новой, странной религией.

Я начала библейский кружок для подростков у себя в квартире, и с помощью моих братьев мы умудрялись втиснуть в мою небольшую гостиную-столовую до тридцати-сорока человек. В это время мы с мужем купили новый набор мебели для гостиной. Я так гордилась им, и когда однажды после библейского изучения все разошлись, я взяла полироль для мебели и начала натирать деревянные подлокотники дивана.

ЦЕННОСТЬ В СВЕТЕ ВЕЧНОСТИ

С ужасом я увидела, что мой новый диван был испорчен. На подлокотнике с одной стороны были глубокие царапины. Я не могла понять, как это могло произойти, пока не вспомнила мальчика, который там сидел. У него была гипсовая повязка на руке, и во время изучения Библии, когда я рассказывала о втором пришествии Господа, он, не осознавая этого, двигал гипс взад-вперед по подлокотнику, слушая меня.

Рис. 165 – Евангельские трактаты на стадионе Хьюз

В тот вечер я усвоила важный урок: материальные вещи временны. Все земные вещи рано или поздно исчезнут. Только то, что вечно, остается навсегда. Вскоре после этого я поняла, что мои сокровища должны быть накоплены на Небесах. Я потеряла своего первого ребенка при родах, и еще один урок о вечных ценностях глубоко проник в мое сердце.

Рис. 166 - Приводить подростков в «Молодежь для Христа»

По субботам мы набивали столько подростков, сколько могли, в мой

ЛОВЦЫ ЧЕЛОВЕКОВ

старый Nash 1949 года и отправлялись на молодежные собрания «Молодежь для Христа», которые проходили в большой церкви в городе. Мы представляли собой удивительное зрелище: головы, руки и ноги торчали из старой машины, которую мы с любовью называли нашей «перевернутой ванной». В те времена не было закона о ремнях безопасности. Не раз мы останавливались на светофорах, все выскакивали из машины и несколько раз бегали

Рис. 167 – «Евангельская ванная вверх дном»

вокруг нее, называя это «китайской пожарной тревогой». Когда свет менялся, мы снова запрыгивали в машину и весело продолжали путь.

В этот период моей жизни свидетельство о Христе не ограничивалось лишь подростками.

Однажды вечером около десяти часов я услышала стук в дверь. Каково же было мое удивление, когда я увидела на пороге своего старого друга по мотоклубу, Маленького Билла (так его называли в банде «Ангелы ада»), который стоял там, выглядя таким печальным и одиноким. Я сразу же пригласила его войти и предложила сесть на мой новый (хотя и уже поцарапанный) диван.

Поскольку Маленький Билл был байкером, с которым я когда-то ездила, мне особенно хотелось, чтобы он обрел спасение. Но, как и многие другие, он просто отмахивался от меня... до этого вечера, когда он постучал в мою дверь.

Маленький Билл начал разговор: «Джерри, я не знаю, что со мной. Моя жизнь несчастна». Глядя на его грустные глаза, я знала, в чем дело. Ему был нужен Иисус.

Я начала делиться своим опытом, и, поскольку Билл знал, какой я была плохой, моя история казалась ему правдоподобной. Я стала новым человеком, и это было очевидно. На моем лице была радость, которая могла прийти только через прощение, дарованное кровью Иисуса Христа. Я заверила Маленького Билла, что и он может испытать это прощение, как и я, если обратится к Иисусу.

Слезы начали катиться по его щекам, и я спросила, хочет ли он получить прощение и стать новым человеком во Христе. Мы встали на колени, и он начал молиться от всего сердца. Я знаю, что Бог услышал эту молитву. Когда он закончил молитву, мы, все еще стоя на коленях, посмотрели друг на друга и вдруг начали смеяться. Вдруг до нас обоих дошло: «Маленький Билл, не кажется ли тебе это смешным? — спросила я. — Мы раньше сгибали локти за барной стойкой, а теперь сгибаем колени в молитве».

Много лет спустя я встретила Маленького Билла и его прекрасную жену. Они пришли в нашу церковь в Кармайкле, Калифорния. С того дня, когда он принял решение в моей квартире в 1958 году, он продолжал жить для Господа. У него был дом, посвященный Богу, и он широко улыбался — как и я.

ЛОВЦЫ ЧЕЛОВЕКОВ

После спасения я свидетельствовала нескольким членам банды, но лишь немногие были готовы меня слушать. Казначей банды, Дюк, принял Господа, а также Мари, моя старая соседка по комнате, которая обрела спасение, но остальные обходили меня стороной. Им не было интересно общаться с «религиозной фанатичкой», если я не хотела пить, танцевать и поднимать город на уши.

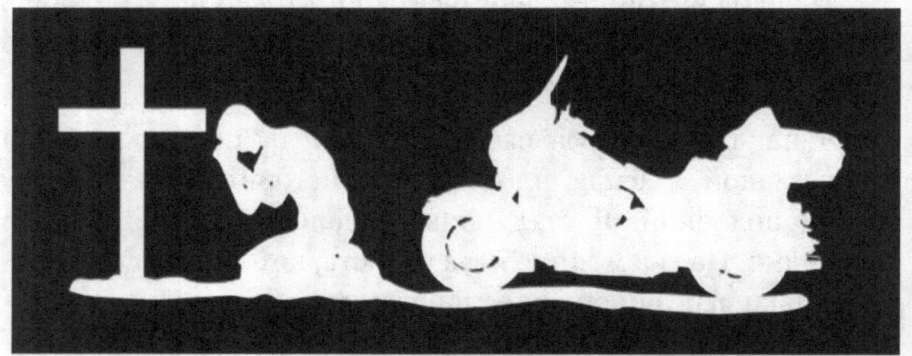

Рис. 168 – «Маленький Билл» – Ангел Ада для Царства

Мои братья повзрослели и оба пошли в библейскую школу. Даг окончил Библейскую школу Малтнома, а Дуайт — Аризонский библейский колледж. Даг сделал карьеру в сфере образования, а Дуайт — в сфере продаж. Теперь нам всем за восемьдесят, и мы более чем когда-либо осознаем, что вечность уже не за горами.

Оглядываясь на все вещи, которые я накопила за эти годы, я знаю, что однажды оставлю все это позади. Единственное, что имеет значение, — это то, что я отправила вперед. Когда Иисус призвал нас быть «ловцами человеков», Он знал, что единственный истинно ценный улов — это улов душ.

В сентябре 1973 года Господь ответил на молитвы тех трех фанатичных подростков, которые так усердно молились за своего отчима Джо. Алкоголизм в конце концов привел его в больницу с тяжелым случаем гепатита. Он был так болен, что белки его глаз пожелтели от этой страшной

ЦЕННОСТЬ В СВЕТЕ ВЕЧНОСТИ

болезни. Жить ему оставалось недолго, и мы все это понимали, так что мы продолжали молиться.

Однажды в палату Джо пришел больничный капеллан и поговорил с ним о его душе. Джо наконец сдался и принял Христа как своего Спасителя. Изменения были заметны всем.

Джо оставалось всего тридцать дней, прежде чем он вошел в Небесные врата. Когда я сидела рядом и рассказывала ему о славе этого прекрасного места, он улыбался и говорил, что с нетерпением ждет ухода туда. Небеса описаны с прекрасной детализацией в последних двух главах книги Откровение. Я прочитала эти главы Джо, и они принесли ему утешение. Я так рада, что имею уверенность в том, что снова увижу его. Его тело угасло, но душа и дух взмыли в небеса. Пусть это было всего тридцать дней, но они были самыми значимыми днями его жизни.

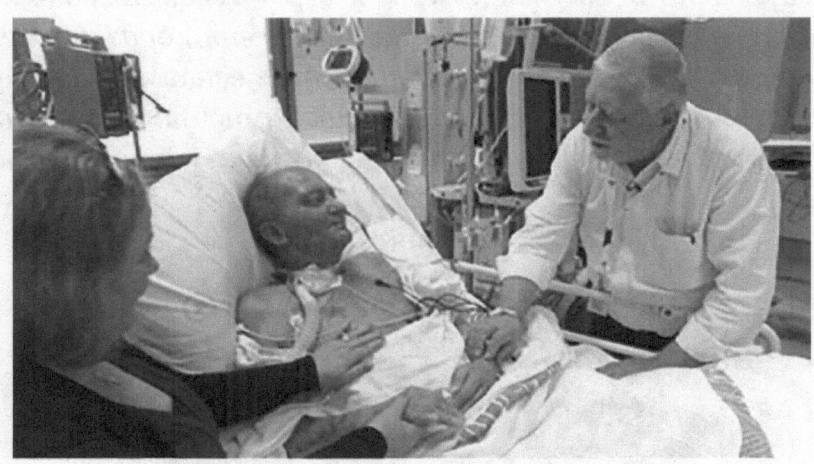

Рис. 169 – Наш Джо прорвался в славу

О, друг, пожалуйста, не жди, пока у тебя останется всего несколько дней для служения Богу. Джо мог бы провести многие годы с Иисусом, если бы только послушал и поверил раньше. Мы рады, что он спасен, как и разбойник на кресте, признавший Иисуса Господом перед своим пос-

ЛОВЦЫ ЧЕЛОВЕКОВ

ледним вздохом; но насколько лучше было бы иметь целую жизнь служения Богу!

Диван с деревянными подлокотниками, Nash 1949 года и все другие «вещи», которые я использовала, берегла или хранила за эти шестьдесят семь лет, — ничто по сравнению с сокровищами, которые я надеюсь собрать для вечности. Я стараюсь, чтобы каждый день имел значение, потому что единственное, что останется со мной на Небесах, — это души. А ты ловишь «рыбу»?

Молитва на сегодня

Дорогой Господь,

Все эти годы ловля душ была для меня настоящей радостью. Пожалуйста, не дай мне «устать, делая добро, ибо в своё время я пожну, если не ослабею». Ты обещал это в Своём Слове, и я верю Тебе! Позволь мне всегда сосредоточиваться на том, что будет иметь значение для вечности, а не на пустых вещах этого мира, которые вскоре исчезнут. Помоги мне помнить, что материальные вещи — для «сейчас», а «души» — навсегда!

Во имя Иисуса,
Аминь

Рис. 170 – «Хорошо, добрый и верный раб».

Глава двадцать восьмая
ДОБРО ПОЖАЛОВАТЬ В АД

«Самарянин же некто, проезжая, нашёл на него и, увидев его, сжалился и, подойдя, перевязал ему раны, возливая масло и вино; и, посадив его на своего осла, привёз его в гостиницу и позаботился о нём».
Лк. 10:33-34

Я бы не хотела, чтобы кто-то подумал, будто каждая моя рыбалка заканчивалась крупным уловом, или, если уж на то пошло, уловом вообще. Бывали моменты, когда я возвращалась домой с пустой рыболовной коробкой, размышляя, какую приманку стоило бы использовать. Часто я сетовала, что вот этот или тот человек «почти» клюнул на крючок, но все-таки ускользнул.

Что заставляет меня продолжать, так это истории вроде той, что случилась с Шерил Джеймс, молодой женщиной, которая жила с нами полгода, а потом сбежала, оказалась в тюрьме и долго не давала о себе знать. Но однажды раздался стук в дверь, и вот она стоит, счастливая, улыбается и говорит: «Привет, мам! Я подумала, тебе будет интересно узнать, что из меня вышло!» Сегодня Шерил служит Господу всем сердцем и занимается миссионерской работой в Брюсселе, Бельгия. Наши отношения стали ближе, чем когда-либо, и она называет меня «мамой».

ЛОВЦЫ ЧЕЛОВЕКОВ

Я по-настоящему надеюсь, что однажды мы услышим от одного юноши, которому пытались помочь выбраться из одного из самых грязных «рыболовных водоемов», в которые нам когда-либо доводилось забрасывать удочки. Это место называлось «Йондер Фарм». Но прежде чем я перейду к этой истории, мне нужно вернуться немного назад, чтобы объяснить, как я оказалась в одном из самых неблагополучных районов Джорджии.

Рис. 171 – «Ферма Йондер» – очень грязный пруд.

Мы посещали церковь Божью в Джефферсонвилле, которая находилась примерно в двадцати пяти милях от нашего дома. Я преподавала молодежи в течение нескольких лет и прекрасно проводила с ними время. Мы устраивали много мероприятий, включая миссионерскую поездку в Эквадор. Я была очень близка со всеми этими ребятами и до сих пор храню теплые воспоминания о нашем времени вместе.

В одно воскресное утро, выйдя из класса, я вошла в церковный зал и увидела двух крупных мужчин, сидящих на скамье перед тем местом, где мы обычно сидели. Они были одеты в рваную одежду и были грязными. От них исходил такой запах, что чуть не сбил меня с ног. Позже я узнала, что даже пианистка чувствовала их запах со сцены, а мы сидели почти в самом конце зала!

Моя первая мысль была: «Фу, сегодня я тут сидеть не буду!» За ней тут же последовала вторая: «О, нет! Если я не сяду на свое обычное место, молодежь начнет задавать вопросы. Я попала!»

Рис. 172 – Джерри с пастором Гэри Уокером

После нескольких песен настало время приветствия. Обычно пастор Гэри Уокер просил нас обнять кого-то рядом и поприветствовать его. Я запаниковала. Я не могла обнять этих ребят. К счастью, пастор изменил обычный порядок и попросил нас просто повернуться и пожать руку соседу, сказав, что рады видеть его.

Оба оборванца повернулись, чтобы пожать нам руки. Когда я пожала руку младшему из них, моя рука буквально прилипла к его руке из-за грязи. Как я выдержу это собрание?

Когда мы отъезжали от церкви, Чарли сказал: «Я бы пригласил этих людей на обед, если бы у нас сегодня не было гостей». Ты серьезно, Чарли Так? Запачкать мой Крайслер Пятое Авеню? Ни за что.

ЛОВЦЫ ЧЕЛОВЕКОВ

Мы только что поймали «хорошую рыбу», и она посещала нашу церковь. Я гадала, не оттолкнули ли эти ребята от церкви Брюса (хорошая рыба). Брюс был руководителем в крупной компании, и мы были рады, что он узнал Господа.

За обедом никто не упомянул грязных оборванцев. Я была искренне рада, что этот эпизод остался в прошлом.

Тем вечером на собрании были только Чарли и я. Брюс и его друг не пришли, но младший из тех двоих мужчин снова появился. Тяжелый вздох. Было очевидно, что он всё ещё не принимал душ. Вскоре я узнала, что у него не было горячей воды, поэтому ванна не стояла у него в приоритете.

Чарли был рад его видеть и после службы предложил подвести его домой. Я готовилась задерживать дыхание всю дорогу до его дома, но произошло нечто удивительное. Когда Тед сел в машину, я перестала чувствовать его запах. Это было удивительно!

Мы ехали по шоссе 18 к северу от Джефферсонвилля, и Тед начал рассказывать свою историю. Он посещал церковь во Флориде, но его оборванный вид вызвал отторжение у прихожан, и они прогнали его. Он случайно нашел в интернете Йондер Фарм и автостопом добрался до Джефферсонвилля. Дэвид Бридлав, владелец 100 акров земли, принял его с распростёртыми объятиями.

Бридлав купил эту землю, в двадцати пяти милях к югу от Макона, в 1988 году. Он и его друзья расчистили кустарники и посадили более 50 000 сосен. Они построили хижины и пригласили людей стать частью коммуны

Йондер Фарм. В шестидесятые у Бридлава был туристический автобус, и он ездил по стране с надписью «Йондер» (в переводе «там»). Так это название и прижилось!

В 2003 году у них все еще не было ни воды, ни электричества, но, несмотря на это, слухи о них дошли до Флориды, и Тед решил, что это место, где его примут. Говорили, что наркотики там были в изобилии, а местное отделение шерифа держалось от них на расстоянии. По слухам, летом на ферме Йондер часто можно было увидеть наготу. Когда члены коммуны приходили в Джефферсонвилл, люди говорили: «Они точно с фермы Йондер».

Когда мы приближались к въезду на ферму Йондер, меня охватило чувство любви к Теду. «Тед, — сказала я, — раз у тебя нет мамы, позволишь мне быть твоей мамой?»

На его грязном лице появилась широкая улыбка, и он ответил: «Конечно, мне бы этого очень хотелось». Когда мы начали сворачивать на грунтовую дорогу, ведущую к ферме, Тед сказал: «Лучше высадите меня здесь. Недавно прошел дождь, и вы рискуете застрять».

Мы попрощались и смотрели, как его стройная фигура ростом шесть футов скрывается вдали. Прежде чем исчезнуть из виду, он обернулся, продолжая улыбаться, и помахал нам рукой. Мы поехали дальше, молча, пока, наконец, Чарли не сказал: «А как же твое нежелание пачкать свою новую Пятое Авеню?» Я только улыбнулась.

На следующий день я отвезла Чарли в аэропорт Атланты. Он должен был лететь в Калифорнию к своему умирающему кузену. По дороге домой я думала о Теде, о его жизни и о том, как ужасны, должно быть, его условия.

ЛОВЦЫ ЧЕЛОВЕКОВ

Во вторник я не могла выбросить Теда из головы. Я позвонила Брюсу и поговорила с ним о юноше. Да, Брюс его заметил. Если бы ты его не заметил, то определенно почувствовал бы его запах в церкви.

«Слушай, Брюс, мне кажется, что я должна помочь этому парню. Ты с ним примерно одного размера. У тебя есть какая-нибудь одежда, которой ты мог бы с ним поделиться?» Я почувствовала его колебание, прежде чем он согласился и сказал, что у него найдется одежда для этой цели. «Отлично», — сказала я.

Затем, немного рискнув, я добавила: «Мне кажется, что я должна поехать туда, где живет Тед, и связаться с ним; но, честно говоря, Чарли не одобрил бы, если бы я поехала туда одна. Может, ты сможешь поехать со мной? Ничто так не учит нового христианина, как практика, верно?»

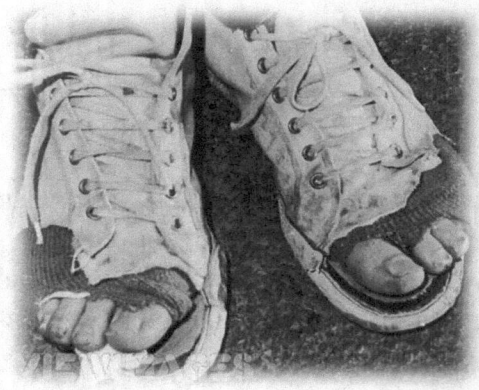

Рис. 173 – Бедники – Тед

В ту ночь Брюс спал с Библией под подушкой. Он буквально с ума сходил из-за всего этого плана. Когда он приехал ко мне в среду вечером, я была готова. Я зашла в магазин «Кровать, Ванна и Все Остальное» и купила предметы личной гигиены. Я купила спортивные штаны, толстовку и даже нижнее белье. Также договорилась с другом, который владел автостоянкой неподалеку от шоссе I-16, чтобы Тед мог воспользоваться душем для водителей. Я была готова к приключению. Брюс — нет!

ДОБРО ПОЖАЛОВАТЬ В АД

Когда мы ехали в сторону Джефферсонвилла, я старалась ободрить Брюса, приводя примеры из Писания, почему мы должны это сделать. История о добром самарянине была одним из таких примеров, и были другие. Мы — «сторожа наших братьев» и должны помочь Теду.

Рис. 174 – Кофейня из рифлёного железа

План был такой: отвезти Теда в церковь, а затем на стоянку для душа. Так как на улице была зима, мы поехали рано, до темноты, чтобы было видно, куда мы направляемся. Грунтовая дорога размокла от дождя. Пикап Чарли скользил из стороны в сторону, пока мы медленно спускались с холма. Вдруг на дорогу выскочил большой мужчина и закричал: «Куда вы направляетесь?»

«Мы ищем Теда», — сказала я. Мужчина ответил, чтобы мы ехали дальше, он был в кофейне.

ЛОВЦЫ ЧЕЛОВЕКОВ

Брюс облегченно вздохнул, но по-прежнему был напуган. «Ты знаешь, я только что прочитал в газете, что в округе Твиггс эпидемия вшей».

— Не волнуйся. Я буду сидеть посередине, и если там есть вши, они прыгнут на меня. С тобой все будет в порядке.

Мы увидели кофейню, сделанную из рифленого железа с тремя стенами и чем-то вроде крыши. Посередине двадцатифутовой «кофейни» была яма, а Тед готовил что-то, напоминающее смесь ондатры и белки.

Я выскочила и сказала ему, что мы приехали, чтобы отвезти его в церковь. С широкой мальчишеской улыбкой он пошел за мной к машине и сел с нами. Когда мы вернулись в город, мы пошли в маленькую кофейню, чтобы дождаться начала службы. Как я уже говорила, мы приехали за Тедом заранее.

Смотря на его потрепанные ботинки, я сказала: «Ничего себе, Тед. У тебя необычные ботинки. Какой у тебя размер?» (Это была единственная вещь, которой у меня не было, так как я не знала его размера обуви).

Рис. 175 — Тед (посередине) — сбежавшая рыба

Когда мы вошли в церковь, я отвела Брюса и Теда вперед и сказала, что должна провести занятие для молодежи и увижу их после службы. Проходя через двойные двери к воскресным классам, одна женщина сказала: «Ему нужен душ!»

«Ему действительно нужен душ, — ответила я. — Я теперь его новая мама, и мы поедем в душ, как только закончится собрание». Она только покачала головой в недоумении.

Рис. 176 – Добро пожаловать в ад!

После церкви я спросила Теда, есть ли у них горячая вода на ферме. Он ответил, что нет. Тогда я спросила, хочет ли он принять душ. Он был в восторге.

Мы с Брюсом сидели, потягивая кофе, в ожидании, пока Тед выйдет из душа. Какое же это было преображение! Когда он сел рядом со мной, я спросила: «Тед, сколько времени прошло с тех пор, как ты принимал горячий душ?» — ШЕСТЬ МЕСЯЦЕВ!

Так начался наш крестовый поход, чтобы вытащить Теда с фермы Йондер. Мои друзья прониклись этой идеей. Мы собрали для него абсолютно новый гардероб. Сняли для него квартиру и обставили её. Я отвела его в парикмахерскую, где ему подстригли волосы и привели в порядок ногти. Он выглядел прекрасно, и мы гордились его прогрессом.

ЛОВЦЫ ЧЕЛОВЕКОВ

В его день рождения все друзья, которые помогли с этим проектом, собрались, чтобы поздравить его. Мы подарили ему Библию с его выгравированным именем. Он начал петь в церкви вместе с одной из наших дочерей, и мы узнали, что он чрезвычайно артистичен. Он называл нас мамой и папой.

Поскольку Теду было под тридцать, я не хотела его чрезмерно опекать, и постепенно мы оставили его, чтобы он мог развиваться самостоятельно. Прошло несколько недель, и мы ничего о нём не слышали. Нас это особо не беспокоило, так как работа в местном продуктовом магазине иногда требовала от него работы по воскресеньям.

Но я решила навестить его. Подходя к его двери, я увидела вывеску: «Добро пожаловать в ад». Я открыла дверь и увидела Теда, пьяного в стельку.

Его рассказ был удручающим. Кто-то пришел и избил его, и у него был синяк под глазом как доказательство. Все его деньги были украдены, и он хотел уехать из страны, но, так как у него не было паспорта, самое дальнее, куда он мог бы сбежать, — это штат Вашингтон.

«Бог будет там, и ты тоже», — сказала я.

Я позвонила пастору Уокеру и рассказала ему о ситуации. Наша церковь собрала $500, чтобы помочь Теду. Пастор Уокер отвёз его во Флориду в христианский реабилитационный центр, но ещё до того, как пастор вернулся в Джефферсонвилл, Тед ушел из центра. Нам сказали, что он не захотел отдать свои сигареты наставникам. Он ушел, соскользнул с крючка и ушел на глубину.

Я молюсь за Теда постоянно. Я знаю, что он где-то там, и молюсь, чтобы кто-то другой закинул свою удочку и вытащил его на свет. Я всё ещё жду, когда раздастся стук в дверь.

Молитва дня

Дорогой Господь,

Ты никогда не обещал нам, что мы поймаем каждую рыбу в море. Порой бывает так обидно возвращаться с пустыми руками, но мы не можем сдаться. Мы знаем, что у Тебя есть и другие рыбаки, которые, возможно, смогут выловить тех, кто ускользнул. Помоги всем «Тедам» в море, плывущим изо всех сил, чтобы их не поймали. Они даже не осознают, сколько любви теряют, уплывая прочь от Тебя.

Во имя Иисуса Христа,

Аминь

ЛОВЦЫ ЧЕЛОВЕКОВ

Глава двадцать девятая

УБИЙСТВО НАСЛЕДНИЦЫ

«Иисус сказал ей: "Я – воскресение и жизнь; верующий в Меня, если и умрет, оживет. И всякий, живущий и верующий в Меня, не умрет вовек. Веришь ли этому?"»
Ин. 11:25-26

Вы когда-нибудь читали книгу, которая потрясла вас до глубины души? Именно это произошло со мной, когда я прочитала свидетельство доктора Петти Вагнер. Книга называется «Убийство наследницы» и рассказывает историю женщины, которую похитили, убили, а затем, по милости Божьей, она вернулась к жизни.

На тот момент я была президентом местного отделения женского служения Аглоу, и каждый месяц мы приглашали какую-нибудь женщину поделиться своим свидетельством, надеясь, что это не только вдохновит женщин жить ради Христа, но и принесет весть о спасении потерянным душам.

Меня поразила история этой женщины, и я почувствовала, что нам стоит пригласить её выступить перед нашим отделением Аглоу. Я была уверена, что она станет вдохновением для всех. Будто подтверждая это побуждение, вскоре после прочтения её книги я увидела обложку журнала Нэшнл Инквайрер, стоя в очереди на кассе в магазине.

Это не тот таблоид, который я обычно читаю, но трудно не заметить обложки подобных изданий. Я увидела фотографию доктора Петти Вагнер и заголовок на обложке: «Убитая наследница возвращается к жизни!» Я купила таблоид и не

ЛОВЦЫ ЧЕЛОВЕКОВ

могла дождаться, когда приду домой, чтобы прочитать статью о ней.

На следующем собрании совета женского служения Аглоу я показала женщинам журнал и сказала, что чувствую, что нам нужно пригласить эту женщину в качестве спикера. Зная наш ограниченный бюджет, женщины лишь покачали головами: «Никак не получится, Джерри. Мы никогда не сможем позволить себе это».

Рис. 177 – Убита, но жива!

Я понимала, откуда они берут такие мысли, ведь когда мы пытались пригласить одного известного евангелиста/библейского учителя, ее представитель по связям с общественностью заявил, что ей нужно будет заплатить $5000 авансом, плюс собрать пожертвования.

Я купила еще несколько экземпляров Нэшнл Инквайрер, спрятала их и произнесла короткую молитву: «Боже, Ты знаешь эту женщину и знаешь наши финансы. Я просто доверяю Тебе и верю, что Ты устроишь это, если на это будет Твоя воля».

С этого момента я отдала всё в Божьи руки, зная, что Бог способен на невозможное, если на это есть Его воля.

Тем временем мне нужно было продавать недвижимость, заботиться о семье, участвовать в женском служении Аглоу и вести молодежную группу. Если этого было мало, у меня в Калифорнии был брат, который настойчиво звал меня поехать с ним на Национальный молитвенный завтрак в честь Израиля в Вашингтоне.

Рис. 178 – Даг с покойным Эдом МакАтиром

Ежегодно мой брат Даг Кригер и Эд МакАтир организовывали это особое мероприятие в поддержку избранного Божьего народа, евреев. В этом году специальными гостями должны были стать посол США в Израиле Джин Киркпатрик и премьер-министр Биньямин Нетаньяху.

Долгое время Даг уговаривал меня приехать, но каждый раз казалось, что еще не время. «Давай, Джерри, — сказал Даг по телефону, — я даже устрою тебе место на почетной трибуне как для особого гостя».

«Ты шутишь, — ответила я. — С какой стати мне там сидеть? Я ведь не важная персона». Я засмеялась и была готова, как всегда, отказаться, но тут он упомянул мою любовь к Аглоу.

«Я знаю, что делать. Ты можешь представлять Аглоу. Это национальная организация, и люди смогут узнать больше об этом служении». Он зацепил меня этим предложением.

Я поговорила с Чарли о возможности поехать в Вашингтон, и он сказал, что никак не сможет поехать из-за своего рабочего графика на базе. Я была немного разочарована, но поскольку особо не горела желанием ехать, решила, что этому не суждено случиться.

Когда я рассказала пастору о приглашении, он тут же навострил уши. Он горячо поддерживал Израиль. Когда я сказала ему, что это мероприятие будет в честь Израиля, он рассказал об этом своей жене. Я не успела опомниться, как мы втроем упаковали чемоданы и отправились в столицу.

Рис. 179 – Международное женское служение Аглоу

Это было мое первое путешествие в Вашингтон, и я прекрасно проводила время. Пастор бывал здесь много раз и знал все лучшие туристические места. Не знаю, может быть из-за того, что мы приехали на завтрак в честь Израиля или из-за большой любви пастора к евреям, но посещение музея Холокоста стало одним из ярких впечатлений от этой поездки... хотя и не самым ярким.

Утром во время завтрака в большом зале витал восторг. Я связалась с Дагом, и он встретил нас у входа. Когда я представила его пастору и его жене, он убедился, что они заняли места за своим столом, и сразу же отвел меня к почетному месту на платформе.

Я не могла поверить своим глазам. Он усадил меня между двумя известными христианками: Беверли ЛаХэй и Джун Хант. Само собой разумеется, мне захотелось спрятаться под столом. О чем только Даг думал?

Рис. 180 – Бев, Джерри и Джун служат Иисусу

Перед началом завтрака пастор обошел огромные круглые столы, подошел к платформе, где мы сидели и широко заулыбался. Он знал, кто были эти женщины. Он прошептал: «Хочешь я вас сфотографирую?»

Я сказала ему, что это будет замечательно. Он встал перед нами, и как раз в тот момент, когда Джун и Беверли разговаривали друг с другом, он сделал снимок, и получилось так, что я как будто была частью их разговора! Не верьте всему, что видите!

Завтрак прошел отлично. Ораторы были невероятными, и всё быстро закончилось. Брат подошел и спросил: «Ну как тебе, Джерри? Разве это не здорово?»

Когда я начала что-то говорить, он меня остановил и сказал: «Слушай, я бы с удовольствием поговорил, но мне нужно идти на собрание». Он обнял меня и добавил: «Пройдемся вместе до лифта, и поговорим по пути». С этими словами он направился в сторону лобби с двумя или тремя

ЛОВЦЫ ЧЕЛОВЕКОВ

мужчинами, которые, несомненно, были его сопровождающими.

Улыбнувшись с извиняющимся видом пастору и его жене, я сказала, что встречусь с ними в номере отеля, как только попрощаюсь с Дагом. У лифта я быстро обняла его и сказала, что позвоню ему позже.

Когда двери лифта открылись, из него вышла группа людей, а Даг со своей группой вошли. Я улыбнулась и помахала на прощание. Именно в этот момент я заметила пожилую женщину, которая только что вышла из лифта, и спросила: «Простите, мэм, вы случайно не доктор Петти Вагнер?»

Она широко улыбнулась и ответила: «Да, дорогая, это я».

«Я бы хотела с вами немного поговорить. У вас есть время?» У нее не только было время, но к концу нашего разговора она взяла мой номер телефона и сказала, что будет в Джорджии в ближайшие несколько месяцев и, может быть, у нее получится заехать в Кокран. Вот это действительно стало настоящей изюминкой моей поездки в Вашингтон, округ Колумбия. Я не могла дождаться, чтобы рассказать об этом членам совета. Она не только согласилась приехать, но и сказала, что не нужно беспокоиться о гонораре. Ей будет достаточно добровольного пожертвования. Ух ты! Бог творил нечто удивительное, и я знала, что Он получит много славы от этой истории.

Доктор Вагнер организовала свое расписание в Атланте так, чтобы включить в него наше ежемесячное собрание Аглоу. Вы не можете представить мою радость, когда я расклеивала по всему городу копии обложки Нэшнл Инквайрер об «Убитой наследнице».

Настал день, когда я должна была встретить ее в аэропорту Атланты. Я ждала и ждала, пока все пассажиры выходили из дверей. Мужчина, стоящий рядом, спросил, жду ли я кого-то особенного. Думаю, на моем лице было написано ожидание.

«Да, жду, — ответила я. — Я жду женщину, которую ударило током, она умерла и вернулась к жизни».

Он посмотрел на меня с удивлением. «Да, это так», — продолжала я, всё еще пытаясь увидеть доктора Вагнер, — «её похитили и убили. Она была наследницей состояния Palmolive Peet, и, поверьте, ее похитители были шокированы, когда она вернулась к жизни».

Благодаря нашему разговору он тоже решил дождаться этой женщины. Когда она наконец появилась, она была немного взволнована: «Прости, дорогая. Я рассказывала пилотам о Иисусе».

Я представила ее мужчине рядом со мной, и без колебаний она достала из большой сумки свою книгу «Убитая наследница» и спросила его, знает ли он Иисуса.

Рис. 181 – Покойный доктор Джон Остин

О, с этой энергичной служительницей Бога нас ждет настоящее приключение.

Наконец настал вечер собрания, и люди начали прибывать. Я была поражена. В наш маленький Дом общины пришли более двухсот женщин. В ту ночь мы слушали одно из самых удивительных и необычных свидетельств, которые я когда-либо слышала. Никто не мог сказать, сколько женщин обрело спасение той ночью и сколько, как и я, вдохновились рассказывать другим об Иисусе.

ЛОВЦЫ ЧЕЛОВЕКОВ

Доктор Вагнер была членом церкви Лейквуд в Хьюстоне, штат Техас. Покойный пастор Джон Остин однажды назвал ее одной из величайших евангелисток нашего времени. Он сказал: «Каждый раз, когда она садилась на самолет, она проходила шесть рядов впереди и шесть рядов позади себя и рассказывала людям об Иисусе». Неудивительно, что ей потребовалось столько времени, чтобы выйти из того самолета!

Рис. 182 – Доктор Вагнер (седые волосы) в Кокран, Джорджия

Остин сказал: «Возможно, самым знаменательным её высказыванием было: *"Даже если бы только одна душа обрела спасение, это того бы стоило"*».

Доктор Петти Вагнер завершила свой путь и теперь находится с Господом, которому она так верно служила. Мы никогда не забудем эту прекрасную женщину и то вдохновение, которым она была для всех нас, призывая нас достигать потерянные души повсюду.

Один человек, написавший короткую дань её памяти, сказал: «Одна вещь беспокоила Петти. Она была гадким утёнком. Её сестры были красивы, но она была непривлекательна. Родители не спорили с тем, что её считали некрасивой, они говорили ей, что она красива внутри. Она мечтала стать известной и однажды изменить мир. Эта мечта стала реальностью в будущем».

Доктор Петти Вагнер изменила мой мир, и с Божьей помощью я тоже планирую изменить мир, как ловец душ.

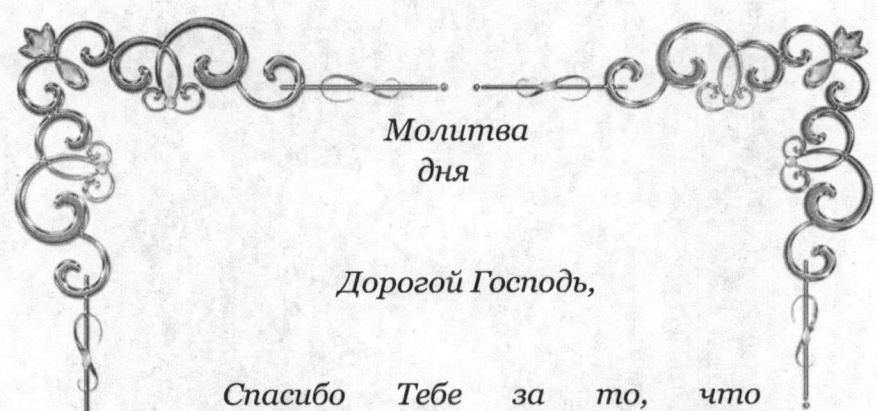

Молитва дня

Дорогой Господь,

Спасибо Тебе за то, что посылаешь в нашу жизнь людей, которые вдохновляют нас жить ближе к Тебе. Спасибо за то, что привел в мои руки книгу доктора Петти. Я молюсь, чтобы и моя книга «Ловцы человеков», выйдя в мир, вдохновила людей обратиться к Тебе за спасением и стать ловцами душ!

Во имя Иисуса,

Аминь

ЛОВЦЫ ЧЕЛОВЕКОВ

Рис. 183 – «Лазарь: ВЫЙДИ ВОН!»

Глава тридцатая
ИДИ И РАССКАЖИ

«Я должен и Еллинам и варварам, мудрецам и невеждам. Итак, что до меня, я готов благовествовать...»
Рим. 1:14-15

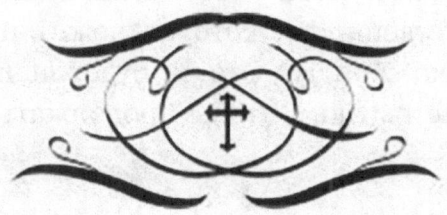

В этой маленькой книге я рассказала несколько историй о том, как успешно приводила людей к спасению. Здесь есть истории об убийцах, обретших искупление, о маленьких детях, о наркозависимых, которые освободились от своей зависимости, и о домохозяйках, нашедших свою полноту в Христе. Это чудеса спасения и избавления. Но за каждой историей успеха я могла бы рассказать о множестве неудач. О тех случаях, когда мои свидетельства оставались без ответа, когда люди насмехались надо мной за глаза и прямо в лицо. Даже в моей семье многие шли по пути разрушения, и я не могла заставить их понять, что путь Иисуса — единственный по-настоящему счастливый путь.

Рис. 184 – Ловцы человеков

ЛОВЦЫ ЧЕЛОВЕКОВ

Как упорный рыбак, который продолжает насаживать наживку, забрасывать удочку и ждать «большую рыбу», мы тоже не должны поддаваться унынию, когда кажется, что мы «ничего не поймали за весь день». Терпение и настойчивость должны быть нашими принципами. Ничто не должно отвлекать нас от нашей миссии. Однако, чтобы испытать радость «улова», мы сначала должны осознать великую ответственность, которая лежит на нас — привлекать души ко Христу. Это и будет нашей движущей силой, нашим стимулом, чтобы продолжать «ловить человеков!»

Рис. 185 – Елисей становится преемником Илии

Есть маленькая история, спрятанная в главах 6 и 7 Четвертой книги Царств, которая так наглядно иллюстрирует огромный долг, который мы имеем перед миром. Мы, у кого есть так много, не можем читать этот рассказ, не чувствуя настоятельного призыва Духа Божьего быть ловцами человеков.

Помня, что Писания Ветхого Завета были написаны для нашего назидания и наставления, давайте вернёмся к одному малоизвестному, но значимому моменту в истории Израиля.

Столицу Самарии месяцами осаждали сирийцы. В стране также был великий голод, и они были отрезаны от тех немногих запасов пищи, что имелись. Ситуация была столь отчаянной, что царь Израиля был вынужден судить спор о каннибализме, касающийся ребенка одной из женщин.

Царь, совершенно беспомощный в вопросе обеспечения пищи для своего народа, поклялся отрубить голову пророку Елисею. Он считал, что это несчастье, несомненно, было виной пророка, так как именно он провозгласил Божий суд над Израилем. Вместо того чтобы в знак истинного покаяния уничтожить идолов в Дане и Вефиле, царь планировал отомстить пророку.

Незамеченными, за стенами города находились четверо голодающих прокажённых. Обсуждая своё бедственное положение, они решили, что оставаться в городе — значит обречь себя на верную смерть. С другой стороны, если они пойдут в лагерь врага, то могут отдаться на их милость и, возможно, получат пощаду.

Набравшись смелости, они поднялись в сумерках. Крики голодных людей, умоляющих о пище, звучали у них в ушах, когда они направлялись к лагерю сирийцев. Что им ещё оставалось делать? Может быть, сирийцы пожалеют их. Им было нечего терять. Они решили рискнуть.

На равнине, где враг отдыхал, готовя вечернюю трапезу, их застал звук множества колесниц. Полагая, что Израиль нанял другие народы на помощь и для прекращения осады, они в ужасе бежали.

ЛОВЦЫ ЧЕЛОВЕКОВ

Слишком напуганные, чтобы взять что-либо, кроме одежды на своих спинах, они оставили лагерь. Они не знали, что Бог Израиля устроил это «стереофоническое» шоу ради Своего народа.

Когда прокажённые добрались до края вражеского лагеря, их встретила странная, зловещая тишина. Кроме движения скота, не было признаков жизни. Костры были оставлены без присмотра, а запах пищи манил голодных прокажённых войти в лагерь. Если это была ловушка, их это не волновало. Еда! Вот что для них было главным.

Рис. 186 – Прокаженные делятся своей добычей

Желание выжить пересилило всякое чувство возможной опасности, и прокажённые бегали от шатра к шатру, пока не насытились. Наконец, удовлетворив свою главную нужду, они начали обыскивать и грабить палатки. Одежда, драгоценности, золото, серебро... всё это теперь было их. Они стали богаты!

ИДИ И РАССКАЖИ

Но, наслаждаясь всем этим, сидя у костра и пересчитывая свою добычу, они начали испытывать угрызения совести. Какой прок от всей этой добычи, если они не смогут или не захотят её разделить? А как же их друзья и родственники в городе? Смогут ли они жить с этим, если будут держать такие новости в секрете? Наконец, один из прокажённых, озвучив то, что они все думали, сказал: «Не так мы делаем. День сей — день радостной вести, если мы замедлим и будем дожидаться утреннего света, то падёт на нас вина. Пойдём же и уведомим...» (4 Царств 7:9).

Когда мы смотрим на эту сцену, трудно винить прокажённых за то, что они насытились и набрали себе богатств. Почему бы и нет? Сирийцы были их врагами, поэтому они, вероятно, чувствовали себя вполне вправе разграбить их лагерь. С другой стороны, мы должны помнить, что в городе их братья были на грани смерти. А как же они?

Теперь у них есть выбор. Оставить себе всю добычу врага или поделиться с теми, кто остался в городе. Но, опять же, с чего бы им делиться? Никто ведь не заботился о них. Никто не предложил решения их отчаянной ситуации. Их избегали и презирали с тех пор, как они заболели проказой. Для

Рис. 187 – Пора делиться своей верой

прокажённого не было сострадания... только отвращение.

ЛОВЦЫ ЧЕЛОВЕКОВ

На этом этапе истории мы невольно начинаем ими восхищаться. Осознав, какой выбор стоит перед ними, они единодушно приняли правильное решение. Оставить всю добычу себе? Ни в коем случае! Они должны пойти и рассказать!

Поделиться своим открытием было нелегко. Внешне они всё ещё выглядели так же. Они по-прежнему были прокажёнными. Они были изгоями в своём обществе. Не стоило рассчитывать на героический приём или благодарственные рукопожатия. Возможно, им никто и не поверит, а если и поверит, кто их обнимет в знак благодарности? Тем не менее, они «должны» пойти. Они «должны» рассказать. Желание поделиться доброй вестью стало невыносимым.

Библия не раскрывает всех деталей того, что произошло, когда прокажённые вернулись в город. Однако мне нравится представлять себе радость, которая, должно быть, охватила город, когда разнеслись их возгласы: «Еда... её хватит на всех! Идите и посмотрите!» Да, великое избавление пришло к Израилю! Бог всё ещё любил их. Он всё ещё заботился. Он видел их нужду и вместе с прокажёнными даровал им спасение.

Какой вдохновляющий вызов для церкви сегодня. Нужда огромна, но и обеспечение есть! Работа колоссальна, но у нас есть сострадательный Бог, который идёт с нами. Неважно, как выглядит посланник, насколько красноречиво его выступление — сама весть приносит жизнь!

Как Лев из колена Иудина возвысил свой голос ради Своего народа, так и четверо прокажённых сыграли свою роль в спасении Израиля. Иегова Бог совершил чудо, наслал звук колесниц, вселив страх в сердца врагов. А человеческую часть исполнили прокажённые. Они стали вестниками доброй вести.

Рис. 188 – «Иисус – Сделай меня ловцом человеков!»

Друг, Бог предопределил, чтобы мы были соработниками с Ним. Он не просто посылает нас в мир одних и не ожидает, что мы справимся своими силами. Как моя смелая подруга Джун Харрисон, Он идёт с нами от двери к двери. Он говорит: «МЫ справимся!» Мы — часть этой славной, торжествующей церкви, которую Иисус Христос наполнил и укрепил. И когда ранняя церковь выходила спасать погибших, они не были одни, ведь «они пошли и проповедовали везде, при Господнем содействии и подкреплении слова последующими знамениями. Аминь.» (Марк 16:20).

Друг, у нас есть то, в чём нуждается мир. У нас есть Тот, Кто может дать жизнь и надежду. Давайте обратимся к потерянным, используя любые доступные средства. Присоединишься ко мне? Отложишь свои желания? Готов ли ты потерпеть неудобства ради одной души? Пожертвуешь ли своим временем, силами, деньгами ради спасения душ?

Jerri Tuck - jerrituck@aol.com

ЛОВЦЫ ЧЕЛОВЕКОВ

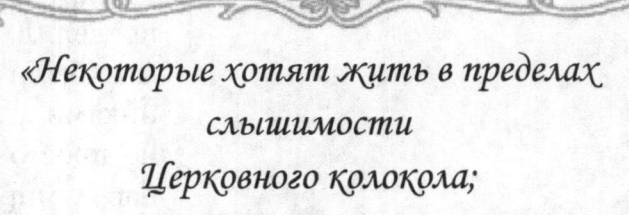

«Некоторые хотят жить в пределах слышимости
Церковного колокола;
А я хочу открыть спасательную станцию,
Всего в шаге от ада».

«Не будем же проскальзывать через этот мир и тихо уходить на небеса, не трубя громко и долго для нашего Искупителя, Иисуса Христа. Давайте позаботимся о том, чтобы дьявол устроил в аду благодарственную службу, когда он услышит о нашем уходе с поля битвы».*

*Ч.Т. Стадд
(Миссионер в Китае и Африке)

«И разумные будут сиять, как светила на тверди, и обратившие многих к правде—как звезды, вовеки, навсегда».
— Дан. 12:3

Глава тридцать первая
ПРИГЛАШЕНИЕ

Дорогой читатель,

Моя искренняя молитва, чтобы Бог коснулся твоего сердца, пока ты читал эту книгу.

Возможно, ты увидел себя в одной из этих историй. Может быть, ты оказался в таком положении, как доктор или Роджер, когда чувствуешь, что выхода нет и единственным решением кажется самоубийство.

Рис. 189 – Иисус есть Путь, Истина и Жизнь

Или, возможно, ты относишься к тем, кто, как Лу, имеет всё, но ощущает внутреннюю пустоту. Ты долго искал и задавался вопросом, есть ли ответ на смысл жизни. Может быть, ты, как Джин, находишься на самом дне, хочешь измениться, но не знаешь, как это сделать.

Друг, Господь видит тебя там, где ты есть сейчас, и Он готов простить, восстановить и спасти. Это так просто, что даже ребёнок может найти этот путь.

Прямо там, где ты находишься, ты можешь обратиться к Господу Иисусу Христу. Следуй этим простым шагам:

1. Признай перед Богом своё греховное состояние.

«Если исповедуем грехи наши, то Он, будучи верен и праведен, простит нам грехи наши и очистит нас от всякой неправды». 1 Ин. 1:9

ЛОВЦЫ ЧЕЛОВЕКОВ

2. Уверуй в сердце, что Господь Иисус Христос умер на кресте за тебя и что Он воскрес из мёртвых на третий день.

«Ибо если устами своими будешь исповедовать Иисуса Господом и сердцем твоим веровать, что Бог воскресил Его из мертвых, то спасешься. Потому что сердцем веруют к праведности, а устами исповедуют ко спасению». Рим. 10:9-10

3. Прими Господа Иисуса Христа в своё сердце как своего личного Спасителя.

«А тем, которые приняли Его, верующим во имя Его, дал власть быть чадами Божиими...» Ин. 1:12

Молитва

Дорогой Господь Иисус,

Сегодня я предстою пред Тобой, признавая, что согрешил перед Тобой. Я верю, что Ты умер за мои грехи, Господь. Я верю, что Ты воскрес из мёртвых, чтобы показать миру, что цена за грех полностью уплачена. Господь, я прихожу к Тебе таким, как есть, и прошу Тебя войти в моё сердце и стать моим личным Спасителем. Я принимаю Тебя верой, Господь. Запечатли моё решение Твоей драгоценной кровью. Помоги мне идти по жизни как следует христианину. Пусть Твой Святой Дух наполнит каждую часть моей жизни, чтобы другие могли увидеть перемены, которые Ты совершил во мне.

Во имя Иисуса,

Аминь

ПРИГЛАШЕНИЕ

Обретение свободы в "Ловцах человеков"

«Дорогая Джерри,
Я почувствовал, что Дух Святой побудил меня написать вам это письмо после того, как я прочитал вашу книгу "Ловцы человеков". В Вашей жизни и моей было многое схожего, но результаты оказались разными. Я был действительно благословлён Богом, но начал отдаляться от Него, словно ставя Его на полку, и в итоге пошёл по наклонной. Это привело меня в тюрьму. Я записал видео для своей маленькой дочери и сказал ей: "Папа отправляется на долгую рыбалку с Иисусом". Джерри, пожалуйста, молитесь обо мне и моей семье».

Заключённый – Тюрьма Калхаун, Морган, штат Джорджия

Рис. 190 – Господь – Благослови всех, кто читает «Ловцы человеков»

«Дорогая Джерри,
Спасибо за книги *"Ловцы человеков"*. Эта книга ПОЙДЕТ ПО РУКАМ. Я предполагаю, что каждая книга будет прочитана 20 или 30 раз, прежде чем она совсем развалится. Если вы соберётесь в Даллас или Остин, дайте мне знать. Я бы хотел, чтобы вы выступили перед женщинами в этой тюрьме.

Капеллан,
D.C.J. Gatesville Unit, Техас»

ЛОВЦЫ ЧЕЛОВЕКОВ

«Миссис Так,
Меня зовут _____. Я нахожусь в тюрьме Скотт. Я прочитал вашу книгу *"Ловец человеков"* и понял, что вы действительно заботливый человек. Моя жена и я какое-то время регулярно посещали церковь. Но потом я начал ставить нашу работу выше церкви и в конце концов совсем перестал ходить. Я попал в беду. Теперь я все передал Ему и буду следовать за Ним до конца своей жизни. Спасибо вам, и да благословит вас Бог!»

*Заключённый,
Тюрьма Скотт, Харвик, штат Джорджия*

«Здравствуйте, Джерри Так,
Я читаю вашу книгу *"Ловцы человеков"*, и она оказывает на меня огромное влияние — духовно и умственно. Я могу прочувствовать каждую историю, и они трогают меня до глубины души, принося радость и счастье через ваши слова. По тому, как вы рассказываете эти истории, я знаю, что Бог всё устроит. Я действительно хочу жить праведной жизнью и оставить свои греховные пути. Глава о "Чаке-Пьянице", который стал вашим мужем... ну, я был таким же. Я стараюсь читать по одной главе в день. Многое откликается во мне в свидетельствах, которые вы даёте и которыми делитесь в своей книге. Пусть Бог благословит вас и всегда помогает вам в "рыбалке"».

*Заключённый,
Тюрьма Васко, Васко, штат Калифорния*

«Дорогие Джерри и Чарли,
Прежде всего позвольте поблагодарить вас за вдохновение и верность вашему тюремному служению. Вы очень помогли мне за последние три года. Джерри, сегодня вечером вы сказали, что всегда нужно говорить правду. У меня есть свои недостатки, но я стараюсь, и с помощью Иисуса однажды услышу: "Молодец, сын мой". После того, как вы ушли сегодня вечером, я вернулся в своё общежитие и достал книгу, которую вы подписали для меня. Я дал почитать вашу книгу нескольким другим

ПРИГЛАШЕНИЕ

людям, и она им тоже очень понравилась».

*Заключённый,
Тюрьма Дули, Юнадила, штат Джорджия*

«Миссис Джерри Так,
Я только что закончил читать *"Ловцы человеков"*, и не думаю, что останусь прежним. Я хочу, чтобы вы знали, что ваша книга продолжает влиять на жизни людей. Я молюсь, чтобы вы действительно осознавали, каким благословением является ваша книга. Я молюсь за вас словами Луки 10:19. Пусть Бог благословит вас».

*Заключённый,
Тюрьма Граймс, Ньюпорт, Арканзас*

«Дорогая миссис Так,
Мне выпала честь прочитать вашу вдохновляющую книгу *"Ловцы человеков"*. Я был действительно благословлён историями о том, как вы приводили людей к Христу. Пусть Бог щедро благословит вас за всё, что вы сделали, чтобы помочь людям обрести спасение во Христе Иисусе. С любовью во Христе».

Заключённый – Тюрьма Дули, Юнадила, штат Джорджия

«Здравствуйте,
Меня зовут _____. Я стал истинным верующим в Господа нашего Иисуса Христа благодаря вашим словам и словам других людей. Я благодарен, что Бог продолжает позволять вам "ловить рыбу", делясь Его словом. Несколько дней назад я присутствовал на одном из ваших библейских занятий. Спасибо, что отдаёте себя Господу. Я молюсь о том, чтобы быть одним из тех немногих, кого Бог избрал пройти этот путь, пробежать дистанцию до конца и достигать души. Пусть Бог благословит вас».

Заключённый – Центр задержания округа Блекли, Кокран, штат Джорджия

ЛОВЦЫ ЧЕЛОВЕКОВ

Рис. 191 – Иисус, притяни меня к Себе!

ИТОГОВЫЕ МЫСЛИ

С самого первого дня, когда я стала христианкой, я глубоко в душе знала ответ на три вопроса. 1. Откуда я пришла? 2. Куда я иду? 3. Зачем я здесь? Это внутреннее знание ответов на три этих сложных вопроса направило меня в мир «ловцов человеков».

Эта небольшая книга «Ловцы человеков» сейчас выходит уже в четвёртом издании и переводится на испанский и русский языки! Книга уже послужила благословением и вдохновением для тех, кто борется с вопросом «как донести людям благую весть Евангелия». Она принесла надежду и спасение тем, кто тонул в пучине отчаяния.

Я — просто обычный человек, который стремится быть в гармонии с необыкновенным Богом. Как и Петр и Иоанн, которых считали неграмотными и невежественными рыбаками, я получила квалификацию для ловли душ, несмотря на своё невежество, благодаря Иисусу. Мне нечем хвастаться в плане моих собственных достижений, но я знаю, что могу с гордостью говорить о Спасителе, который меня спас.

В этих главах вы встретите людей, таких же, как те, с кем вы общаетесь каждый день. В моём случае, я владела небольшим агентством недвижимости в сельской местности в Джорджии, и Бог превратил его в станцию спасения душ.

Вы прочтёте рассказы о профессионалах, которые, скрываясь за своими изысканными фасадами, были разорены и несчастны. Вы узнаете, как они обрели истинный смысл жизни и стали успешнее, чем могли себе представить.

ЛОВЦЫ ЧЕЛОВЕКОВ

Вы также прочтёте о тех, кто вёл распутный образ жизни, не осознавая, что Бог подготовил для них лучший план — план, который включает свободу от греха. Вы отправитесь со мной по извилистой дороге и увидите Теда, который жил в заброшенном автобусе. Затем поедете со мной на остановку для грузовиков, где мы подождём, пока Тед примет душ — его первый душ за шесть месяцев. Вы увидите, как Божья любовь излилась на него и других и привела их к спасению.

Ловля душ — это самое захватывающее занятие, какое только может быть. Это работа, которую вы не найдёте на сайте вакансий или в объявлениях в вашей местной газете, и всё же это профессия, которую можно совмещать с любой другой. В моём случае, это был человек, владелец компании по борьбе с вредителями, который привёл ко Христу всю мою семью. Он начал рассказывать моей семье об Иисусе, пока обрабатывал наш дом от чёрных вдов!

Ловля человеков — это заповедь нашего Спасителя, но так немногие занимаются этим сегодня. Большинство христиан считают, что евангелизация — это работа пастора, который должен ходить и рассказывать о Боге потерянным душам. Мы читаем о евангелизме, но немногие из нас когда-либо лично занимаются этим.

Не удивительно, что сегодня мы проигрываем битву за души людей! Поручив это важнейшее дело лишь нескольким профессиональным проповедникам и горстке телепроповедников, мы упускаем суть того, к чему нас призвал Иисус.

Будь вы домохозяйка, мусорщик, врач или учитель, Бог призвал вас (и меня) быть ловцами человеков. Это не работа только для нескольких избранных.

ИТОГОВЫЕ МЫСЛИ

Каждый человек, называющий себя именем Иисуса Христа, получил повеление проповедовать Евангелие.

«Как же призывать Того, в Кого не уверовали? Как веровать в Того, о Ком не слышали? Как слышать без проповедующего? И как проповедовать, если не будут посланы? Как написано: "Как прекрасны ноги благовествующих мир, благовествующих благое!"» Рим. 10:14-15.

Найдите время, чтобы прочитать эти истории о спасении душ. Попробуйте читать по одной истории в день. Скоро и вы будете на пути к тому, чтобы стать ловцом человеков.

ЛОВЦЫ ЧЕЛОВЕКОВ

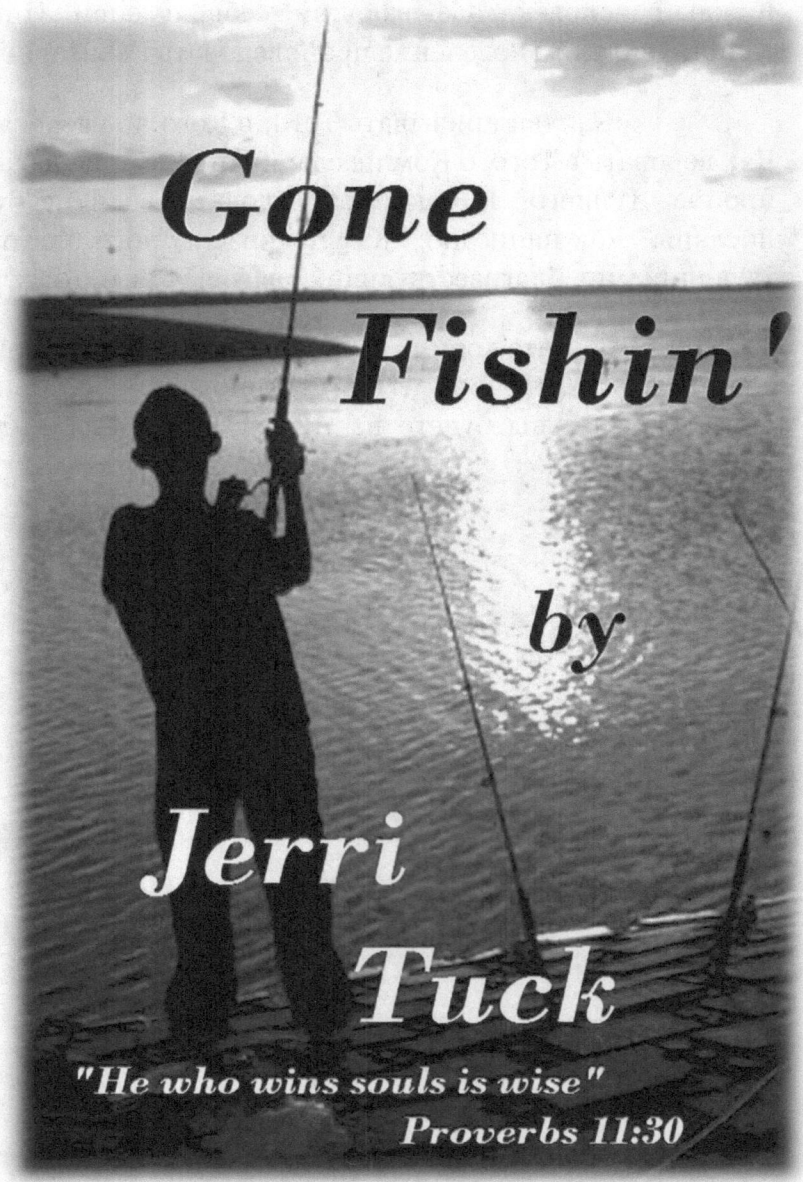

Рис. 192 – «Обретение душ как рыбалка!»

Ловцы человеков... идите за Мною,
и Я сделаю вас ловцами человеков!

Издатель в США: *Tribnet Publications, Сакраменто, Калифорния* - www.tribnet.org or www.tribnetpub.com

Российское издание: Россия: Новосибирск. Христианское Издательство «ПОСОХ».
Е-майл: posox_mag@mail.ru или izd.posoh@yandex.ru
Телефон: +7-923-248-3610 или 8-905-952-0075

Website: www.posoh.ru

www.wordtorussia.org

© АВТОРСКИЕ ПРАВА: ДЖЕРРИ ТАК, 2025

Российское издание, 2025

ISBN – 979-8-3492-1191-1

Автор уведомляет. Перевод ее книги на русский язык или любая ее часть могут быть воспроизведены в любой форме без предварительного письменного согласия автора или издателя. Для получения особого благословения, пожалуйста, свяжитесь с WORD TO RUSSIA MINISTRY, США по адресу: word2russia@gmail.com
ПЕРЕВОДЧИКИ: Надежда Кузнецова, Сергей Кузнецов
РЕДАКТОР: Сергей Кузнецов
КОРРЕКТОР: Владимир Мысин

ВСЕ ИЗОБРАЖЕНИЯ ИЗ ОБЩЕГО ДОСТУПА НА WIKIPEDIA COMMONS — ЕСЛИ НЕ УКАЗАНО ИНОЕ.

ДИЗАЙН ОБЛОЖКИ: Дуглас В. Кригер
РЫБАК: Элай Файнази, внук автора, фото сделано Робом Файнази.
Если не указано иное, цитаты из Писания в этой книге взяты из «Синодального перевода Библии».

ЛОВЦЫ ЧЕЛОВЕКОВ

Об авторе

На момент написания этой книги Джерри и её муж Чарли всё ещё владеют старым фермерским домом — сейчас он используется как гостевой дом для христианских тружеников в Божьем винограднике... Сами они живут по соседству в другом доме, где нет ступенек, так как Чарли уже в возрасте. Восемь детей (девять, если считать Алана) давно выросли и покинули дом, но многочисленные внуки постоянно навещают их.

Джерри ушла на пенсию несколько лет назад, и Чарли тоже — хотя только номинально. Это просто дало им обоим больше времени, чтобы делиться любовью Иисуса почти с каждым, кто заглядывает к их рыболовному пруду. А пруд у них довольно большой!

Джерри по-прежнему ведёт свою колонку в Кокран Джорнал и других местных газетах. Однако особенно вдохновляет продолжающийся Марафон чтения Библии, который проводится в Кокране уже двадцать два года. Джерри, Чарли и Иисус начали это движение, и оно не прекращается до сих пор. На въезде в город стоит табличка: «Кокран, Джорджия: дом первого в Джорджии Марафона чтения Библии».

Практически весь округ так или иначе принимает участие в ежегодном мероприятии, во время которого у здания окружного суда на протяжении недели читается вся Библия. Более того, сообщество города подняло Христианский флаг — на данный момент таких флагов установлено около 800, и большинство остаются на своих местах круглый год!

Каждое 14 июля (7/14) в 7:14 утра все 156 округов Джорджии участвуют в организованном Джерри Так чтении всей Библии. Каждое окружное здание суда читает свою 1/156 часть, так что вся Библия прочитывается одновременно по всему штату Джорджия.

ЛОВЦЫ ЧЕЛОВЕКОВ

Эта традиция основана на стихе из 2 Пар. 7:14: «*И смирится народ Мой, который именуется именем Моим, и будут молиться, и взыщут лица Моего, и обратятся от злых путей своих: Я услышу с неба, и прощу грехи их, и исцелю землю их*».

Книга Джерри доступна через Ingram-Spark

Ваши отзывы и пожелания автору Джерри Так, вы можете сделать по электронной почте:

Jerri Tuck - jerrituck@aol.com

или

word2russia@gmail.com

www.ingramcontent.com/pod-product-compliance
Lightning Source LLC
LaVergne TN
LVHW031605060526
838201LV00063B/4731